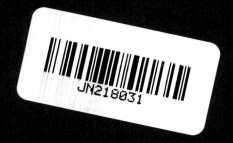

女性の視点で見直す

人材育成

だれもが働きやすい
「最高の職場」をつくる

HUMAN RESOURCE
DEVELOPMENT AND
WORKPLACE
DIVERSITY

立教大学教授
中原 淳／トーマツ イノベーション

ダイヤモンド社

はじめに

なぜいま、「女性の働く」を科学するのか？

中原淳

「女性のため」だけの本ではありません！

僕は「**人材開発**」を専門とする研究者です。さまざまな企業のみなさんのお力添えをいただきながら、「“働く大人”はどうすれば成長を遂げていけるのか？」「誰もが長くいきいきと働き続けるにはどのような職場環境や働き方が求められるのか？」について、科学的な手法を用いて探究する日々を送っています。

本書で取り扱う内容は、あえてアカデミックな言い方をすれば、「**ジェンダー**（**文化的性差**）の視点を取り入れた人材育成研究」ということになります。

より具体的に言えば、**「女性が働きがいを感じながら、より長く働き続けるためには何が欠かせないのか？」を、世界最大規模の調査データをもとにしてみなさんと考えたいと思います。**

本書を通して、誰もが働きやすい「よりよい職場環境」や「これからの働き方」をつくり出していくお手伝いができれば、望外の喜びです。

女性の働きがい？
なんだ、「女性のための本」か……

そう思った方、どうか、まだページを閉じないでください！

本書は決して女性のためだけの本ではありませんし、ましてや男性のためだけの本でもありません。

この本には……

- 部下を持つリーダーやマネジャー
- 社内の人材育成を担当する人事・研修担当者
- 社員の採用・育成に責任を持つ経営者や経営幹部

のみなさんにぜひ知っていただきたい「これからの時代の人材育成のヒント」が凝縮されています。

また、昨今は、政府の旗振りによって「**女性活躍推進**」というワードが、まことしやかに語られています。

本書の内容は、女性活躍推進に興味をお持ちの方、それを推進していく方々にとっても、さまざまな実務上のヒントを提供できるものと考えています。

「女性の働き方」がテーマなのに「これからの人材育成のヒント」が凝縮？　どういうことですか？

たしかに本書は、ジェンダー（文化的性差）の視点を入れて、企業内の人材育成を見直していきます。

しかし僕は、本書を通して**「女性が働きやすくなる必要条件」だけを伝えたいわけではありません**。

本書は**ジェンダーを皮切りにしつつ、「僕たちみんなのこれからの職場環境や働き方がいかにあるべきか？」を論じた本**なのです。

……では、なぜ、わざわざジェンダーに着目して、企業内の人材育成を見直すのでしょうか？

職場の歪みはいつも「マイノリティ」にしわ寄せがいく

結論から申し上げれば、僕は次のような「仮説」を持っているからです。

> 女性の視点で人材育成やマネジメントのあり方を見直していくことは、誰もが働きやすい職場をつくるうえで、最も確実な足がかりになる。

僕たちが働く職場では、日々、なんらかの機能不全が起こっています。
たとえば、次のような問題に心当たりがあるという人は多いのではないでしょうか？

特定の人だけに、将来のキャリアにつながる仕事が割り当てられている……

オープンなコミュニケーションが行われず、いつも限られた人だけで物事が決まっている……

ひたすら長時間、職場で働いている人だけが評価されている……

こうした職場の機能不全は、順調にキャリアを積み上げている**職場のマジョリティ**（**多数派**）には、なかなか見えづらいものです。

日本企業の職場のマジョリティと聞いて、おそらく多くの人が考えるのは、「**日本人・男性・正社員**」という社会的属性を持った方ではないでしょうか。職場のマジョリティは、職場の機能不全に対して鈍感です。ときに、これらの事実に気づいても、見えないふりをするかもしれません。

一方、現代の職場には育児・介護・ハンディキャップ・病気など、さまざまな事情を抱えながら働く人々――いわば**職場のマイノリティ**（**少数派**）

が増えてきています。僕たちの健康寿命が伸び、長く仕事をしなければならない状況に直面するなかで、そうした人々の数はこれからもどんどん増えていくでしょう。

そして、先ほどのような組織が抱える問題のしわ寄せを真っ先に受けるのはいつも、そうしたマイノリティたちなのです。子育て中のワーキングマザー、家族の介護をしている人、病気を抱えつつ働いている人……彼らこそがまず、「職場の課題」に相対し、「うちの職場はココがおかしい！」と疑念を持ちはじめます。その課題が生み出す負担があまりにも大きくなってくると、最悪の場合には、離職やメンタルダウンにつながることにもなりかねません。

組織においてマジョリティの立場にある人々は、その問題になかなか気づけません。あるいは、気づいていても気づかないふりをしています。

そのため、多くのマイノリティの人々が働きやすいと感じられるように、組織や職場の改善が進むことはきわめて稀《まれ》です。その結果、マイノリティの人たちがやりがいを持って働き続けることはかなり難しくなります。

僕は人事・人材開発の研究者として、この国の労働環境が将来的にどうなっていくかをある程度は見通すことができます。

私見によれば、**それぞれの事情や負担を抱えて働かざるを得ない少数派の人々は、これからの社会でますます増えていく**でしょう。最近では、あるときまではマジョリティだった人が、ある日突然にマイノリティになるケースも、決して珍しくはなくなってきています。

さまざまな事情を抱えた人々が、やりがいを感じながら長く働き続け、かつ、幸せな人生を営むためには、何が必要なのか？

長期化する仕事人生を少しでも多くの人が「完走」するためには、どんな働き方・労働環境が求められているのか？

これがいまの僕の、最も大きな関心事です。本書で扱っている「女性の働き方」の問題は、じつは「みんなの課題」なのです。

「女性の働き方」は職場づくりの「見取り図」になる

専門の研究者の目からすると、**いま、日本の職場は「大きな曲がり角」を迎えています**。

今後、望むと望まざるとにかかわらず、かつての典型的なマジョリティは、徐々に割合を減らしていくでしょう。出産・育児・介護・ハンディキャップ・病気を抱えながら働く人々は増えていきますし、グローバル化の時代にあっては、国籍・セクシュアリティ・文化・宗教といった職場メンバーの**多様性**（**ダイバーシティ**）もますます高まっていくはずです。

これから数十年のあいだに、おそらく「ダイバーシティ」とか「ダイバーシティマネジメント」という言葉は、おおよそ「死語」になっていくのだと思います。わざわざダイバーシティという言葉を使わずとも、おそらく職場は“そのようなもの”になっていくからです。

そのような「未来の職場」を見通しながらも、僕たちは思わず立ち止まってしまいます。というのも、**個々の働く人の抱える事情が、あまりにも「多様」**だからです。

いま何をなしていくべきかを考えようとするとき、僕たちは「**思考のファーストステップ**」をどこに置けばいいのでしょうか？　何を最初の取っかかりにして、将来の働き方を考えていけばいいのでしょうか？

そこで僕たちが、**最初のアプローチとして選び取ったのが、本書独自の視点である「ジェンダー（文化的性差）」**です。

誤解を恐れず言えば、男性中心文化がいまだ支配的な**日本の職場において、女性には“最もメジャーなマイノリティ”**としての側面があります。

そして、僕たちは、ここに「ファーストステップ」を踏み出すことを決意しました。

繰り返しになりますが、僕たちの「中長期的な、究極のねらい」は、女性以外の多くのマイノリティの人々もいきいきと働き続けられるような職場・働き方への足がかりを得ることです。

おそらく、この究極のねらいは、一冊の本でカバーできる内容を超えています。だからこそ、ほかの多くの研究者や実践者のみなさんが、本書をいわば「見取り図」として使いながら、より多様で、より魅力的な未来の職場へと「上書き保存」していってくれることを願っています。

本書はさしあたって、「女性の働き方」に関することが書いてありますが、「この部分は『介護を抱えている人』にも当てはまるのでは？」とか「『病気を抱えながら働く人』の場合はどうかな？」などと、ぜひさまざまな境遇の人に置き換えながら読み進めていただければと思います。

僕たちは信じています。今後、**女性にすらやさしいチーム・職場・企業をつくれない人・組織は、ダイバーシティの荒波に直面したときに、まず間違いなく暗礁に乗り上げます**。そうした職場は、魅力的な人材を採用することも、志溢れるプロジェクトを率いるリーダーを育成することも難しくなり、人手不足に苦しむことになるでしょう。

考えてもみてください。
“最もメジャーなマイノリティ”にさえ対応できない職場が、今後、さらに多様な文化的属性・社会的属性に属する人々を「包摂（インクルージョン）」する環境をつくりだせるわけがないのです。

未来の職場において結果を出し続けたいと願うマネジャー、優秀な社員に働き続けてほしい人事担当者・経営者……これらすべての人にとって、**「女性視点での職場の見直し」は、今後の成否を大きく左右する試金石の一つ**とも形容できるのです。

なぜ女性活躍推進は「嫌われ者」なのか？

かくして、本書は「最初のアプローチ」として「女性」に焦点をあてていきます。ところで、みなさんは「女性の人材育成」と聞くと、どのような言葉を脳裏に思い浮かべますか？

おそらく多くの人々が「**女性活躍推進**」という6文字を連想するのではないかと思います。では、みなさんは、この6文字にどんな印象をお持ちでしょうか？

女性活躍推進法施行以来、マスコミでも注目を集めているこの言葉には、素直に「大賛成！」と言えない、ある種のモヤモヤを感じる人も少なからずいらっしゃるはずです。

人材開発の研究者という仕事柄、僕はさまざまな企業の現場にお邪魔し、経営幹部・経営企画部・人事部の方々、現場で働くマネジャーやスタッフのみなさんからお話を伺う機会があります。そこでずっと感じていたのが、「女性活躍を推進しよう！」という政府の号令は、働く人々を一つの方向に駆り立てるどころか、かえって人々のあいだに“**分断**”をもたらしているのではないかということでした。みなさんは、次のような“分断”にお心あたりはありませんか？

女性活躍？　なぜ女性だけ昇進？
男性はどうなるんだよ？　**（女性・男性の分断）**

女性活躍？　でも現場の子たちは、
昇進したがっていないよね？**（管理職・現場社員の分断）**

女性活躍？　これまで放置しておいて、
何をいまさら……**（人事部・従業員の分断）**

「分断」から漏れ聞こえる声はどれも、かつてどこかで耳にしたことのあるようなものです。
とりわけ、政府のかけ声のもと、わかりやすい成果が求められる大企業では、「女性活躍推進＝女性管理職の数を増やすこと」といった積極的アクションが取られています。このような性急な人事施策に対しては、男性陣のなかに妬みが渦巻いているケースもあるようです。なかには「あいつは『女性活躍』でマネジャーになったらしいぞ」などと、ひどい陰口を言う人もいるのだとか……。

誤解する方はいないと思いますが、僕は**「女性は活躍しなくていい＝昇進しなくていい」などと主張したいわけではありません**。ここで強調したいのは、「女性活躍推進」という６文字の、この曖昧なキーワードが「＝《イコール》女性管理職の数を増やすこと」と短絡的に結びつけられて、さまざまな積極的アクションがとられた結果、かえって女性活躍推進の「本質」が見失われてしまっているのではないか、ということなのです。

これに対して、本書が考える女性活躍推進の本質とは、「女性を含めて、多様な働き方を望む人々が、長くいきいきと働き続けられる職場環境・働き方を実現していくこと」にほかなりません。
しかし、多くの日本の企業では、この本質が見失われています。

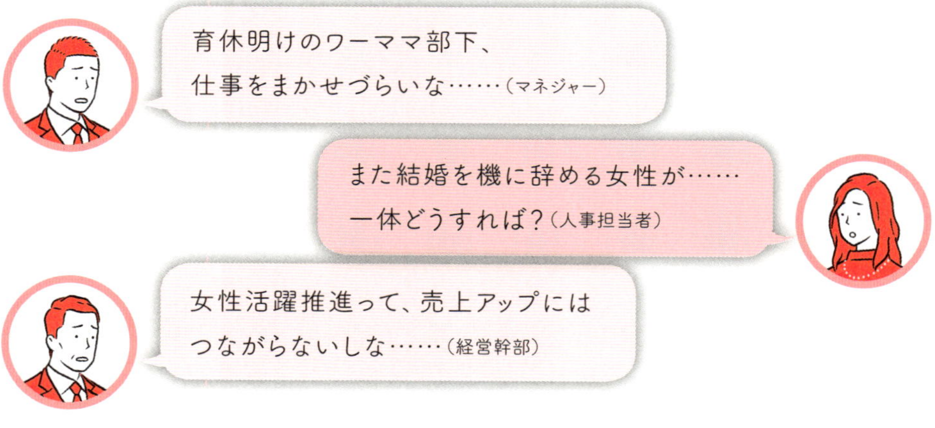
育休明けのワーママ部下、
仕事をまかせづらいな……（マネジャー）
また結婚を機に辞める女性が……
一体どうすれば？（人事担当者）
女性活躍推進って、売上アップには
つながらないしな……（経営幹部）

「女性活躍推進＝女性管理職の数を増やすこと」という短絡的な理解が広がるにつれて、職場で働く人たちの不満や怒りが生まれています。そして、そうした不満や怒りに直面するのを恐れて、多くのマネジャー・人事担当者・経営幹部たちが二の足を踏んでしまっているのが、この国の職場における現状なのではないでしょうか？

とかく、ジェンダーが関わる領域には、いつも難しい問題がついて回ります。僕も研究者（しかも男性の）として、気後れする部分が皆無だと言えばウソになります。

それでも、あえてこの本をまとめることにしたのは、時間だけが過ぎ、生まれ出た怒りや不満が次第に"**しらけ**"へと固着化していくことを懸念しているからです。

「わが社ではもっと女性が活躍すべきだ！」と本気で思っている人は、どれだけいるでしょうか？　真っ向から異を唱えはしないまでも、「そうは言っても……なかなか、ね……」などと、一種のあきらめを抱いている人がほとんどではないでしょうか？

「国や会社から言われるから、仕方なく形だけやっておくか……」――こんな**しらけきった状況こそが、女性活躍推進のリアルになりつつある**のではないかと危惧しています。

7000人超！　世界最大規模の科学的リサーチ

さて、2016年からはじまった「女性活躍推進」のかけ声は、日本の職場に多くの"分断"や"しらけ"を生み出しました。こうした不満や怨嗟《えんさ》の声は組織内にこだまし、いまなお、多様性に対処しようとする組織の改革を難しくしています。

果たして、こうした事態を解消するためには、何が必要でしょうか？

数多《あまた》ある処方箋のなかで、僕が頼ったのは「**科学の力**」です。いまの組織や職場が抱える課題を「見える化」し、多くの人々の眼前に顕在化させること。社会的分断がとりわけ生まれがちな領域であるがゆえに、**あえて「個人の経験」や「個人の想い」といった主観をいったんは相対化し、客観的な視点で、いまの職場を見つめること**——これが、僕が問題解決の依りどころとした「科学の力」です。

これまで「女性活躍推進」や「女性の人材育成」というテーマは、「**優秀なスーパーウーマン個人の成功体験**」にもとづいて語られることが多かったように思います。書店に行って関連書籍の書棚を眺めてみても、著者のほとんどは「優秀な成果を上げた女性たち」です。もちろん、そうした方々の語りに、傾聴に値する貴重な知見が含まれていることは言うまでもありません。

しかし僕たちは、**「女性の働く」を「科学」するという、従来とは異なるアプローチでこの問題に迫りたいと願います。**

この土台となっているのが、共著者であるトーマツ イノベーション株式会社（現・ラーニングエージェンシー）と中原淳研究室が行ってきた**大規模リサーチプロジェクト「女性の働くを科学する」**です。

いまから3年くらい前、ここまで書いてきた僕の問題意識を、同社社長である眞﨑大輔さんにお伝えしたところ、大いに共感いただき、今回の大規模リサーチが現実のものとなりました。

本書のテキストは、読みやすさに配慮して、主に僕（中原）の一人称で進めていますが、調査データの分析・考察については、同社プロジェクトメンバーのみなさん、そして、当時、中原淳研究室で博士課程を過ごしていた保田江美さん（現・国際医療福祉大学 講師）のご助力なしにはあり得ませんでした。みなさんにはこの場を借りて、厚く御礼を申し上げます。

また、本書の校正にあたっては、立教大学経営学部の学部生である我妻美佳さんに試読をいただきました。これから社会に一歩を踏み出すにあたり、未来ある若者のキャリアが希望に満ちたものになることを願っています。本当にありがとうございました。

これまでの「働く女性」研究に足りなかったもの

「女性の働くを科学する」プロジェクトをはじめるにあたり、僕たちは調査に先駆けて、「女性の人材開発や人材マネジメント」をテーマにした、ありとあらゆる先行研究をレビューしました。まさに千里の道も一歩からです。

数百を超える文献レビューから明らかになったのは、**先行研究には「2つの不足」がある**ということでした。

第1の不足は**サンプルの問題**です。国際流通する大きな調査でも、その対象となる女性の人数はたいてい数十人〜数百人程度です。とりわけ、リーダーやマネジャーの立場にある女性の数はそもそも多いとは言えないため、圧倒的なサンプル数不足に見舞われます。

その点、今回のリサーチ結果は、**まず十分なサンプル数を確保しているという意味で、世界の学術的な研究成果にも見劣りしない、とても貴重なものです**。

一般に、研究者が調査を行うときには、調査対象者を自分自身で見つけなければなりません。数百人の女性リーダー・マネジャーを集めようとしたら、いったい何社の企業に掛け合えばいいのでしょうか……考えただけでも気が遠くなります。

しかし今回は、日本の1万社以上の中堅中小企業とつながりを持つトーマツ イノベーション（現・ラーニングエージェンシー）さんのお力添えで、**2,523名の働く女性にアンケート調査**を行うことができました。しかもそこには、スタッフ・リーダー・マネジャー・ワーキングマザーという4つの属性の女性が含まれています（それぞれの定義は67ページ）。

先行研究のもう1つの不足は、**"女性ならでは"の特性に関する知見**が、十分に掘り下げられてこなかったという点です。

「働く女性にどんな傾向が見られるのか?」「そもそもそんな傾向はあるのか?」をはっきりさせるためには、女性だけでなく男性にも同様の質問に答えてもらい、その結果を比較しなければなりません。つまり、性差による比較を行わなければ、得られた知見が必ずしも女性だけにあてはまることなのか、男性にも女性にもあてはまることなのかはわからないのです。

今回の**リサーチの対象者総数は、男女合わせて7,402名**。彼らの回答を分析することで、**これまで注目されてこなかった男女差**がいくつも浮き彫りになりました。これはまさに実践の参考に値する貴重なデータでしょう。

ご多忙のなか、回答をお寄せいただいた7,402名のみなさまには、この場を借りて御礼を申し上げます。まことにありがとうございました。

「鏡」を提供できることが科学的アプローチの強み

でも、先生は男性ですよね?
女性の気持ちが本当にわかるのでしょうか?

たしかに本書はジェンダーの問題を扱うがゆえに、著者である僕についても言及しないわけにはいかないでしょう。

振り返ってみれば、僕にも「女性の働く」を見つめる機会は意外とありました。たとえば、かつて勤めていた東京大学では「20名中15名が女性スタッフ」という研究部門を統括する立場にありましたし、2018年4月から移籍した立教大学でも、統括する研究・教育プロジェクトでは、スタッフ13名のうち8名が女性という状況です。

具体的なマネジメント采配において、女性だから、男性だからと意識することはありませんが、ライフスタイルの観点で、性差にはさまざまに配慮しなければならないポイントがあることは承知しているつもりです。

また、家庭には４歳と11歳の息子がおり、妻はフルタイムで働く会社員、つまりワーキングマザーです。パートナーの視点から、子育て女性が働くことの大変さを日々、目の当たりにしています。

とはいえ、これらだけでは、僕が「女性の働く」を語る視点を豊富に持っていると主張する材料にはならないでしょう。

そもそも僕は「女性」ではありません。よって「女性が働くこと」に対して、自らの性をもって、その生々しい部分を感じ取ることはできませんし、「働く女性」を代表するわけにもいきません。その意味で、本書の「当事者性」が類書に比べて劣る可能性は、認めるほかないでしょう。

一方、本書が掲げるような問題を解決していくうえでは、「体験の豊富さ」や「当事者性の高さ」は必ずしも効果的に作用しないこともあります。事例や当事者性に拘泥《こうでい》するあまり、かえって問題を俯瞰《ふかん》する視点が失われるかもしれません。

だからこそ、僕は「科学の武器」をもって、問題を客観に見つめ、これを多角的に描き出すことに挑戦しようと思うのです。

もちろん、リサーチに基づいた科学的なアプローチや、研究者が行う分析に対しては、いつもこんな声が寄せられるのも事実です。

中原先生、データはしょせんデータですよ。
現実とは別物です

現場を知らない学者さんにはわかりませんよ

そう言いたくなる気持ちはよくわかります。この点についてどう考えるかについて、僕なりのお答えをしておきたいと思います。

まず学者は、あえて現場（**現象**）と距離をおきながら、データを見つめます。データ分析においては、個人の経験や想いを超えて、世の中を客観的に描き出すことを優先します。その際、数多ある社会現象に共通するものを「概念」として析出し、世の中に関して「共通して言えそうなこと」を捉えます。ちなみに、概念をまとめたものを「理論」と呼びます。理論が寄り集まったものを「モデル」といったりします。

しかし僕は、**「学者が提示する『データに基づいた理論・モデル』こそが、現場を救う『答え』だ！」などと僭称するつもりは毛頭ありません。**世の中には、学者のつくり出す概念や理論やモデルを、いわば「すべての現象に共通する原理・原則」のように期待する風潮があります。しかし、悲しいかな、学者が考えたことをそのまま現実に当てはめてみても、現場を変革するような「スマッシュヒット」が生まれることはまずないでしょう。

ただし、理論やモデルはまったくの無力かというと、そうでもありません。それらは「無駄な試行錯誤」や「派手な失敗」を回避するのには、かなり役立つからです。

データから明らかになる科学的知見は、「現実の鏡」のようなものとして機能します。それは、人や組織が自らの「フォーム」をチェックし、補正するときに役立ってくれます。

7,402名のデータという「鏡」があることで、僕たちは自社の職場の歪みを発見し、思わず目を覆いたくなる失敗・よくあるつまずきから自分たちを守ることができるのです。これが本書における「科学の力」の第一の効用です。

対話（ダイアローグ）の「土台」をつくる本

さらに、もう一つ忘れてはならないのが、この「鏡」があることで、組織のメンバー間に対話（ダイアローグ）の可能性が生まれるということです。

これこそが、本書が読者のみなさんにお渡しできる２つめの効用です。

まず、何もないところで組織変革に向けた対話を行うとしても、そこにあるのは「個人の利害」だけです。それだけだと議論は平行線をたどり、水掛け論に終始し、ひどいときには対立・衝突を生みます。何もないところにポンと投げ込まれた「女性活躍推進」が、社会のあらゆるところに“分断”や“しらけ”を生んだのは、先にも見たとおりです。

一方、**データをもとにした科学的知見があれば、各メンバーは同じテーブルに着いて語り合うことができます**。現実がいかにあるかを振り返り、それぞれの見え方・意見のズレを話し合うための「共通の土台」が生まれます。
「“各人の想い”がどうであるにしろ、全体としてはこうなっている」という客観的なデータがあることで、具体的なアクションや改善に向けた対話が進められるようになるのです。

ですから、この本の役割は、「机上の知」を“上から目線”でみなさんに教え授けることではありません。僕たち学者は無力です。
僕たちになしうるのは、**読者のみなさんに「対話のきっかけ」を提供し、現場のみなさんが職場を活性化させ、新たな実践を生み出すための、わずかばかりのお手伝いをすること**なのです。

たとえば、本書には**「必要な助けを周囲に求めることができているワーキングマザーは10%しかいない」というデータ**が登場します（183ページ）。これを見て、ワーキングマザーを部下に持つ男性マネジャーは「たしかにそうだろうな……」と思うかもしれませんし、部下である女性のほうは「ちょっと現実とズレてません？」と言いたくなるかもしれません。

どちらが正しいにしても、このデータがあることで、２人のあいだの「ズレ」が認識されます。そして、その「ズレ」と向き合うことで「対話」が生まれます。これによって、「腫れ物に触れるように部下に気を遣っていたマネジャー」と「もっと仕事に向き合いたがっていた部下」とのあいだにある無言の分断が解消するかもしれません。

本書が読者のみなさんに提供したいのは「認識のズレ」を認識する機会であり、対話をはじめるきっかけなのです。

＊　＊　＊

以上のようなわけで、僕が読者のみなさんにお願いさせていただきたいことは、たった１つです。

ぜひ本書の内容を一人で抱え込まずに、上司や部下や同僚、そして家庭のパートナーと「共有」してみてください。

こんなデータがあるみたいだけど、どう思う？

この学者が言っていることってどうかな？

ぜひ、そんな対話のネタとしてこの本を“使い倒して”ください。
「誰もが働きやすい職場づくり」は、現場の人々が「現実」に向き合い、対話を重ねることからはじまります。

本書がその一助になれば、著者として心からうれしく思います。

2018年7月　小暑を控えた立教大学、池袋キャンパスにて
中原 淳

女性の視点で見直す人材育成
だれもが働きやすい「最高の職場」をつくる

CONTENTS

CHAPTER 4
育児と仕事を両立するには？
ワーママ期

調査概要

第1次リサーチ：働く男女のキャリア調査

働く男女のキャリアおよび仕事に対する意識・行動、また、会社の制度・環境・職場文化などに関して、「現在」「過去」時点での意識・実態を調査した。

①調査対象：トーマツ イノベーション（現・ラーニングエージェンシー）が提供する研修の受講者を中心とした、企業に勤める女性・男性

- **スタッフ**――リーダーでもマネジャーでもない実務担当者
- **リーダー**――部下を1名以上持つが、評価権限は有していない人
- **マネジャー**――評価権限を有する部下を1名以上持つ人

②調査方式：自記式アンケート調査

③調査実施期間：2016年9月〜12月

④回答者数：5,402名

回答者の内訳

	スタッフ	リーダー	マネジャー	計
女性	1,015	344	369	1,728
男性	1,300	799	1,575	3,674
計	2,315	1,143	1,944	5,402

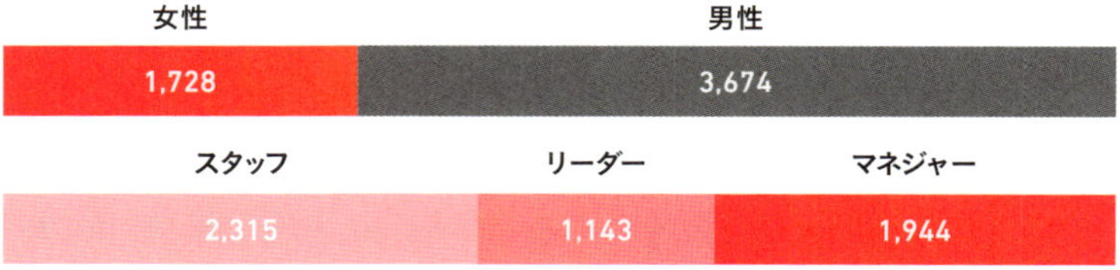

第2次リサーチ：職場の働き方調査

ワーキングマザーの働き方、および、その他の職場メンバーからの見え方、ワーキングマザーとパートナーとの育児分担状況などを調査した。

①**調査対象**：企業に勤める女性・男性
- **ワーキングマザー**――第一子が小学生以下の、夫婦共働きの女性
- **マネジャー**――評価権限を有する部下にワーキングマザーを1名以上持つ人
- **スタッフ**――ワーキングマザーと同じ職場で働く実務担当者
- **パートナー**――ワーキングマザーの配偶者

②**調査方式**：インターネット調査
③**調査実施期間**：2017年3月
④**回答者数**：2,000名

回答者の内訳

	ワーキングマザー	マネジャー	スタッフ	パートナー	計
女性	500	45	250	―	795
男性	―	455	250	500	1,205
計	500	500	500	500	2,000

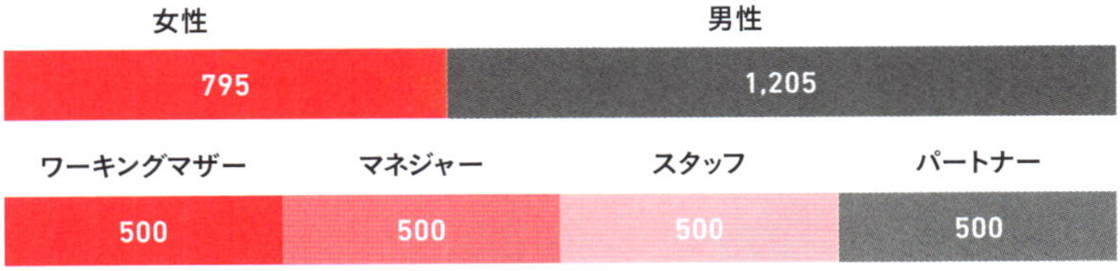

※**引用について**　これらの調査・分析の結果を他媒体で引用する場合、必ず下記のとおり出所の明記をお願いいたします。本調査・分析の結果の知的所有権のすべては、トーマツ イノベーション（現・ラーニングエージェンシー）と中原淳に帰属します。

出所：トーマツ イノベーション（現・ラーニングエージェンシー）×中原淳　女性活躍推進研究プロジェクト（2017）「女性の働くを科学する：働く男女のキャリア調査」
出所：トーマツ イノベーション（現・ラーニングエージェンシー）×中原淳　女性活躍推進研究プロジェクト（2017）「女性の働くを科学する：職場の働き方調査」

本書の登場人物

本書の本文中では、以下７名の「現場で働くみなさん」からの“ツッコミ”や“質問”が入ります。これは、著者・中原の「独白（モノローグ）形式」で語るよりも、仮想の読者の方との「対話（ダイアローグ）形式」にしたほうが、みなさんの思考も刺激され、理解が深まるのではないかと考えたためです。実際、この本をつくるにあたって、プロジェクトメンバーのみなさん（その半数以上が女性です）とは何十時間もディスカッションを重ねてまいりました。ただし、この７名のキャラクターはあくまでも架空のものであり、実在の人物との関わりは一切ございません。

CHAPTER 0

女性活躍推進、何がおかしい？

ロールモデル論を超えて

TOPIC 01

女性は「もっと活躍すべき」なのか？

データで見る「女性の働く」のいま

中原先生、「女性活躍推進」という言葉がモヤモヤするのですが、そもそも女性は「活躍していない」んでしょうか？

これはなかなか鋭い質問です。「どうすれば女性は活躍できるか？」という問いに対する答えを考えていく前に、もう少し根本的なところから話をはじめてみましょう。それはつまり、「そもそも『女性が活躍する』とはどういうことを意味するのか？」という点を考えるということです。ここでは、「女性の活躍」をいったん定義したうえで、それに関連するいくつかのデータを見ながら、働く女性の現状について考えていくことにしましょう。

「活躍」は2つの観点で考えられる

女性活躍推進の議論・各論に入っていく前に、まず注意しておきたいのが、「**活躍**」という言葉の“範囲”です。

少なくとも本書では、これらの言葉を**「企業・組織内での活躍」という限られた意味**で使っていることにご注意ください。本書の考察の対象は、すなわち「企業・組織における女性の活躍」です。

もちろん、だからといって「専業主婦・主夫の方たちは活躍していない／ちゃんと働いていない」などと言っているわけではありません。「地域で活躍する」「家庭で働く」というのも立派な活躍であり、労働であることに変わりはありません。活躍や労働にもいろいろなカタチがあるべきです。

しかし一方で、何かを論じるときに「考察の対象」を決めることは、とても重要です。あまりにも多くのものを同時に語ろうとすると、「何も語っていない」のと同じになりかねません。すべての人に配慮して何かを語ろうとすれば、どんな人にも刺さらないことしか言えなくなってしまいます。

そこで本書では、女性の「企業・組織内での活躍」に話題を焦点化して以降の記述を進めていきます。

そのうえで、僕たちは「女性の活躍」を次のように捉えておきたいと思います。

①（女性本人が望むのであれば）働きたいと思う女性が、企業においてより安定的・長期的に働き続けられる状態
②（女性本人が望むのであれば）成果を出して社会的上昇を果たしたいと思う女性が、企業において高いパフォーマンスを発揮し、職位を上昇させられる状態

まず重要なのが、「起点」がすべて「女性本人の要望」になっている点です。長く働いたり、成果を残したりしたいと思っていない人に、これを無理強いすることは、僕たちの本意ではありません。

あくまで「女性が望む活躍」だという点を踏まえたうえで、①企業で安定的・長期的に働いていこうとする女性の意欲（**就業継続意欲**）、②職場で高いパフォーマンスを発揮し、職位を上昇させていこうとする女性の意欲（**昇進意欲**）を高めたり引き下げたりしている要因を見ていくことにしましょう。

「働く女性は増えている」って本当ですか？

まずお聞きしたいのですが、**日本では「働く女性は増えている」と思いますか？**

もし増えているのだとして、**「働く人の何割くらいが女性」だと思いますか？**　4割くらい？　あるいは5割に近いところまで来ている？　みなさんのイメージはどうでしょうか？

ここで、日本の「女性就業者数」と「全就業者に占める女性比率」の推移を示したデータを見てみましょう（図0-1）。

図0-1　日本の女性就業者数と全就業者に占める女性比率の推移

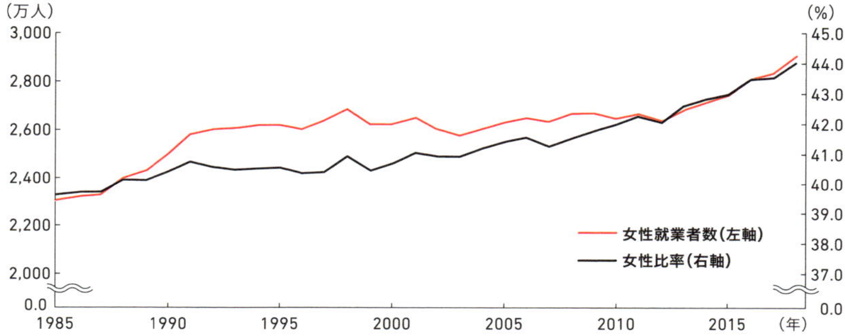

「働く女性」は増え続けている

出所：総務省「労働力調査」より著者ら作成

1985年に約2,300万人だった働く女性の数は、2018年1月時点には約2,900万人にまで増えています。また、日本の就業者に占める女性の割合も1985年の40%弱からおよそ4ポイント増加し、2018年1月には44%と上昇傾向にあります。「少しずつではあるけれど、女性の社会進出が進んでいる」というのは、ひとまず事実だと言えそうです。

M字カーブの昔と今

やっぱりそれなりに働く女性は
増えているんですね。でも、どうしてなんですか？

よく知られているように、今回の女性活躍推進法（「女性の職業生活における活躍の推進に関する法律」）に先立つこと30年、**男女雇用機会均等法**（1985年制定、86年施行）という法律がつくられました。

当時、話題になったのが「**M字カーブ**」という言葉です。女性の年齢階級別労働力率をグラフにしたとき、出産・育児期にあたる30歳代に「谷」が現れ、ちょうどアルファベットのMの字のような形を描くことから、そう名づけられました。**労働力率**とは、15歳以上人口に占める労働力人口の割合です。労働力人口には、実際に職に就いて働いている人（就業者）のほか、働く意思も能力もあって求職活動を行っているが、いまは職に就いていない人（完全失業者）も含まれます。

では、**いまM字カーブはどうなっているのでしょうか？** 今と昔を比較してみましょう（図0-2）。

図0-2　女性の年齢階級別労働力率（1985年と2015年）

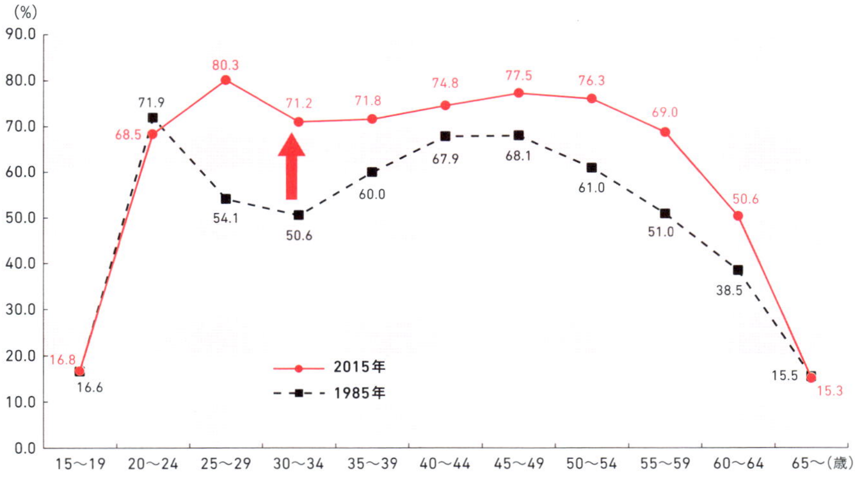

M字カーブの「谷」は消滅しつつある

出所：総務省「労働力調査」より著者ら作成

ご覧のとおり、M字カーブの「谷」はかなり浅くなっています。30〜34歳の女性の半分（50.6%）しか労働力人口ではなかった30年前と比べると、いまは20ポイント以上の上昇（71.2%）が見られます。そのため、最近では**「M字」から「逆U」になってきた**と言われることもあるようです（「日本経済新聞」2018年1月30日付）。

かつては、結婚・出産を機に仕事を辞める女性が大勢いました。会社にも世の中全体にも寿《ことぶき》退社を推奨する空気があったのでしょう。しかし、育児休暇や時短勤務などの社内制度も、保育所や行政サービスといったインフラも未発達だった当時の状況を考えれば、そもそも子育て中の女性が会社勤めを継続できるような環境ではなかったとも言えます。

こうした状況が変わってきた背景に、行政や企業の努力があったことはたしかです。しかし同時に、女性の大学進学率上昇や学校教育による人々の意識の変化、女性の晩婚化・晩産化、消費行動の変化（「個人の財布を持って、自由に消費を楽しもうとする」など）といった複合的な要因が関係していることも、決して無視するわけにはいかないでしょう。

地域によって「意識」に差がある

M字カーブの「谷」が消滅??
私の周りではそうは思えないな……

なるほど、そう感じる方もいらっしゃるかもしれません。先ほどのM字カーブは日本全国の平均値ですが、**地域別に見ると、状況にはまだかなりギャップがある**ことが見て取れます。

M字カーブの「谷」が最も浅い鳥取県と、最も深い神奈川県を比較してみましょう（図0-3）。

図0-3　女性の年齢階級別労働力率(神奈川県と鳥取県／2015年)

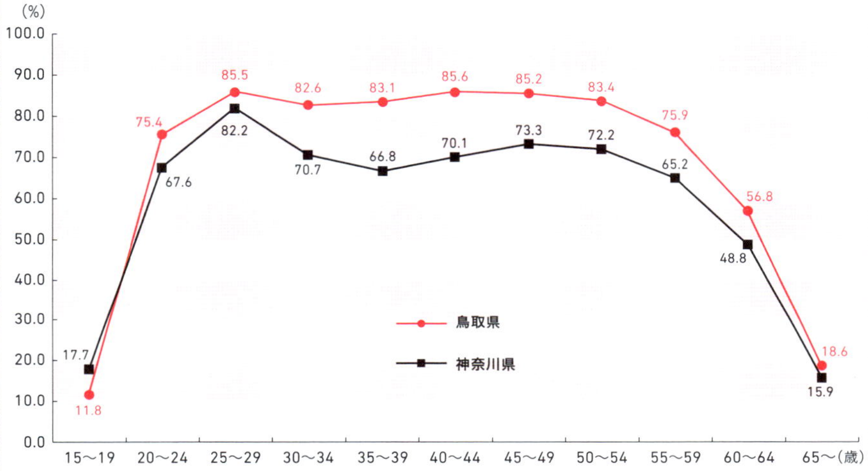

「M字カーブ」の形状は地域によって大きく違う

出所：総務省「国勢調査」より著者ら作成

とくに**神奈川県**では、女性の労働力率が全体的に低い傾向が見られます。M字の「谷底」を比較しても、神奈川県は66.8％（35〜39歳）に対して、**鳥取県**は82.6％（30〜34歳）と大きな開きが見られます。こうした地域差があることを考えると、ひと口に「M字カーブの『谷』が消滅しつつある」といっても、みなさんのお住まいの地域によっては、実感とはそれなりのギャップがあるかもしれません。

なぜこのような「地域差」が生まれてくるのでしょうか？

仮説としてまず思い浮かぶのは、「男は外で仕事」「女は家で家事」という考え方（これを専門用語で**性別役割分業意識**と言ったりします）をそれぞれの地域の人々がどの程度支持しているかが影響している可能性です。

次ページでは、都道府県別に、女性の「性別役割分業意識」と「労働力率」を散布図で表しました（図0-4）。

図0-4　「自分の家庭の理想は『夫が外で働き、妻が家を守ること』だ」と思う者の割合と労働力率（15〜64歳）

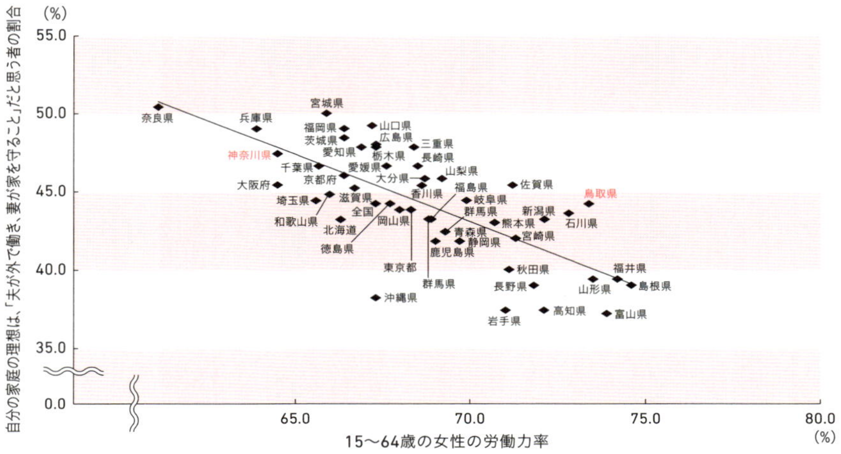

女性の「意識」と「外で働く」は相関している

出所：厚生労働省「平成28年版 働く女性の実情」より著者ら作成

上図のとおり、性別役割分業意識が女性に浸透している都道府県ほど、女性の労働力率は低くなっています。試しに、先ほどM字カーブを見た鳥取県と神奈川県に注目してみましょう。

神奈川県は、女性の労働力率が低く、かつ、「男は外で仕事」「女は家で家事」という価値観を有している人の割合が高い都道府県であるとわかります。対して、鳥取県は性別役割分業の意識が神奈川県よりも低く、女性の労働力率も高くなっています。

つまり、**性別役割分業の意識を持たない女性がより多い地域では、家の外で働こうとする女性も多くなる**傾向があるというわけです。

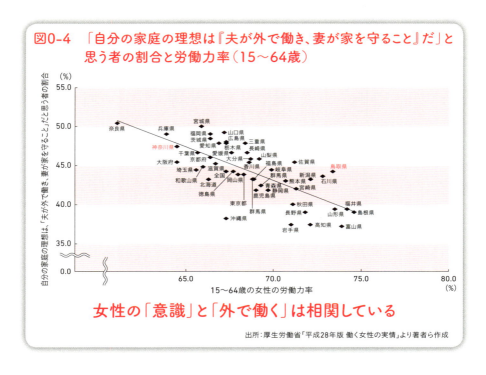

「役職あり」の女性は増えている？

女性が「役職」に就くケースは
増えているという実感はありますよ

働く女性の割合は今後まだまだ伸びていく余地があるにしても、**最近では女性管理職も珍しくなくなった**ように僕も感じます。

それではここで、「女性の活躍」を示す第２要素である「(希望する) 女性が高いパフォーマンスを発揮し、職位を上昇させることができているかどうか」のデータを見ていきましょう。

昨今では、以前にくらべて、女性リーダーや女性マネジャーが増えたと言われていますが、その実態はどうなっているのでしょうか？　こちらは「部長・課長・係長」に女性が占める割合を示したグラフです（図0-5）。

図0-5　日本の役職者に占める女性比率

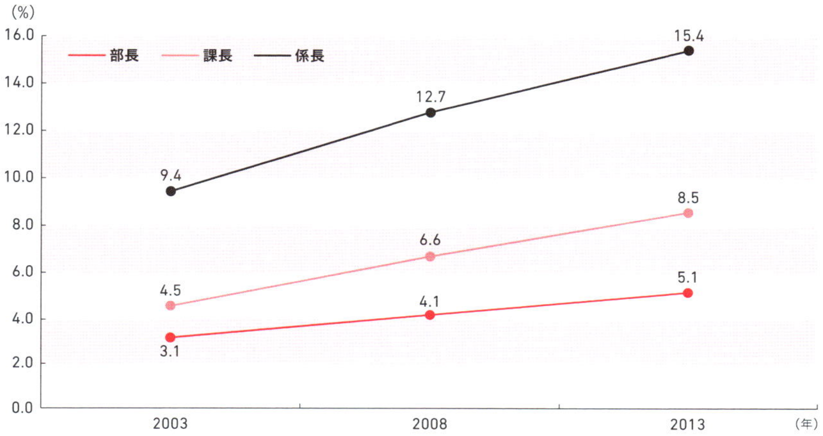

部長クラスは10年でわずか2ポイントの伸び

出所：男女共同参画統計研究会「男女共同参画統計データブック2015――日本の女性と男性」より著者ら作成

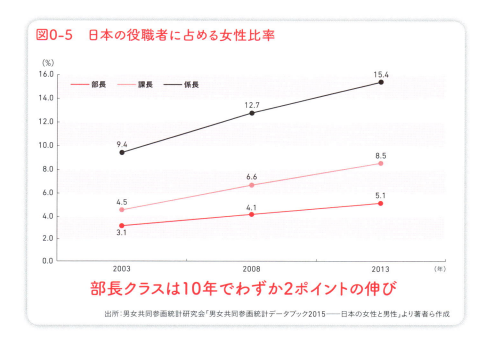

係長クラスでは9.4%から15.4%、課長クラスでは4.5%から8.5%というように、10年間のあいだに、役職に就く女性が増えていることがわかります。

一方で、部長クラスに注目すると、推移は3.1%から5.1%であり、わずか2ポイントの伸びにとどまっています。一定の役職よりも上にキャリアアップすることを阻む要因があると推測されます。

ここにあるのが、いわゆる**ガラスの天井**(Glass Ceiling)でしょう。ガラスの天井とは「本来ならば組織のなかで昇進に値する人材が、性別や国籍などの社会的属性を理由に、それ以上は昇進できない不当な状態に置かれてしまうこと」をいいます。人々を「不当な状態に貶める境界=天井」の存在は、ともすればガラスのように「目に見えない」ため、こうした呼び名が与えられています。

このように「女性の地位」をめぐる日本のお寒い状況は、世界のさまざまなところでも指摘されています。たとえば、ダボス会議を運営する「世界経済フォーラム」が各国における「男女格差」を測定するジェンダー・ギャップ指数(Gender Gap Index:GGI)を定期的に発表しています(World Economic Forum 2017[*1])。これは経済・教育・政治・保健の4つの分野のデータから作成される指数で、「0」が完全不平等、「1」が完全平等の状態を意味します。2017年の日本の数値は「0.657」、順位は144カ国中114位(2016年は144カ国中111位)と低迷しています。

そんなに女性管理職って少ないですか?
これでもかなり増えましたよ

たとえば年配の男性陣にはそんな感覚の方もいるかもしれません。企業によっては、実際、女性の管理職のほうが多いくらいだというところもあるでしょう。

また、女性活躍推進法では、従業員301人以上の企業については、「採用した労働者に占める女性労働者の割合」「男女の継続勤務年数の差異」「労働時間の状況」に加え、**「管理的地位にある労働者に占める女性労働者の割合」を把握・分析したうえで、数値目標を設定すること**が義務づけられています（「女性活躍推進法」第８条）。

厚生労働省の最新の調査（平成28年度）では、課長相当職以上（ただし役員含む）に占める女性の割合は、12.1％に伸びました。役職別に見ると、部長相当職は6.5％、課長相当職は8.9％にまで伸びています（厚生労働省2017*2）。

しかし、国全体として見ると、**日本の現状はかなり遅れている**ことがわかります。次は、「管理職に占める女性の割合」を国別に比較したデータです（図0-6）。

図0-6　管理職に占める女性比率（国際比較）

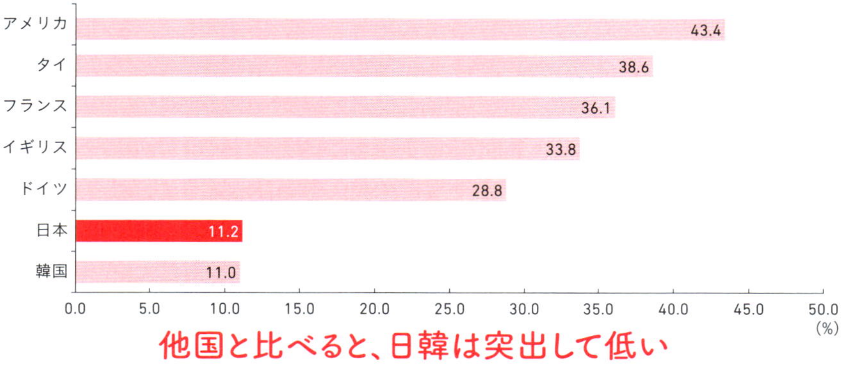

※韓国は2012年、その他の国は2013年のデータに基づく。
※管理職の定義は国際標準職業分類（ISCO2008）による。ただし、アメリカはISCO1988年版の「立法議員、上級行政官、管理的職業従事者」にもとづいている。各国のデータは調査対象や調査方法が異なる。また、各国は独自の職業分類を持ち、その中からISCOの管理職定義に対応する統計をILOに提供しているので、各国の管理職定義には若干の違いが生じうる。以上の理由から厳密な意味で国際比較できる統計ではないことに注意。

出所：男女共同参画統計研究会「男女共同参画統計データブック2015――日本の女性と男性」より著者ら作成

なんとなく「日本の女性もそれなりに活躍しつつあるんじゃないかな……」と感じていた人にとっては、上図はけっこう衝撃的なデータなのでは

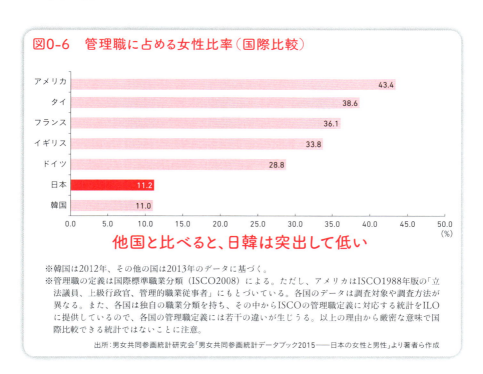

ないでしょうか。**アメリカでは管理職10人のうち４人（43.4％）が女性なのに対し、日本では10人に１人の割合（11.2％）**です。日本の女性活躍は他の先進諸国に大きく遅れているというのが実態でしょう。

無論、管理職や役員へと出世することだけが活躍だとは決して思いませんが、これが活躍の一形態であるのを否定する人はいないはずです。人事担当者のみなさんのなかにも、「社内でリーダーシップを発揮してくれる女性がもっと出てきてほしい」という思いを持っている人は、たくさんいらっしゃると思います。

女性管理職の「数」を増やすことが重要かどうかは別として、**経営陣に占める女性役員の割合が、企業業績の高さと相関している**ことについては、これまでも繰り返し、研究現場で指摘されてきました（※注）。

次のグラフは、経営陣に占める女性の割合別に、時価総額100億ドル以上の企業の株価推移を比較したものです（図0-7）。

図0-7　株価の推移（経営陣の女性比率別／2009年を1.00とした場合）

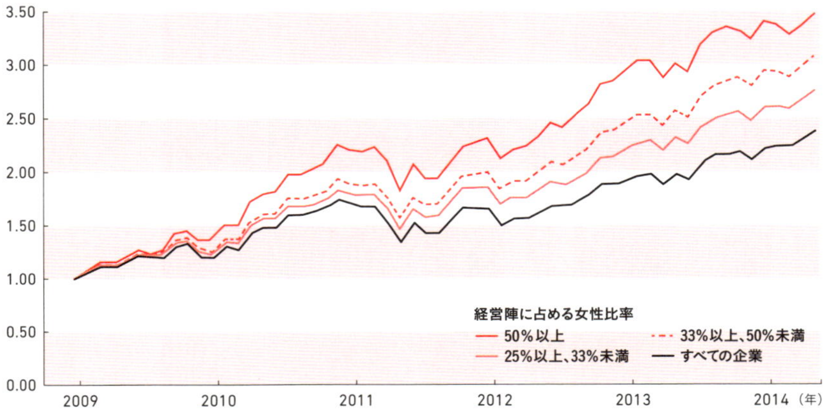

経営陣に女性がいる企業ほど好業績

出所：Credit Suisse Research Institute 2014*3

こうして見ると、**女性が役員として活躍している企業ほど、パフォーマンスが高まっている傾向**が一目瞭然です。2009年を1.00とした場合、５年後の株価は全体平均では2.40程度であるのに対し、女性役員が半分以上を占める企業の株価は3.50にまで高まっています。

アメリカもかつては、女性が働くことに関しては、遅れていた国の１つでした。しかし、1970年代以降、その傾向は大きく変わっています。

たとえば、1979年当時、男性が１ドルを稼ぐ時間に対して、女性は62セントを稼ぐのみでしたが、2009年にはそれが80セントにまで向上しています。現在、アメリカの専門職の51%、経営陣の25%、とりわけ、Fortune500企業のCEOの16%が女性、取締役の15%が女性だというデータがあります(Carli and Eagly 2016[*4])。

このように「女性が管理職や役員としてリーダーシップを発揮している状態」と「企業業績」とのあいだには、プラスの相関があります（因果関係があるわけではありません）。こういうデータを見ると、経営者の方もこの問題に興味を持たざるを得なくなってくるのではないでしょうか。

※注

女性比率と企業業績とのあいだの関連については、さまざまな研究がありますが、いまだに一定の結論は得られていません。たとえば、山本（2018）[*5]によれば、女性の正社員比率は企業の利益率に正の影響を与えるものの、女性の管理職比率はそうとは言えないといいます。ただし、中途採用が多くて、ワークライフバランス施策が推進されている企業では、女性の管理職比率が企業業績に正の影響を持つことがわかっています。

TOPIC 02

女性は「ずっと仕事を続けたい」のか？

「仕事への意識」と「就業継続意欲」

女性は誰もが出世したいわけじゃないですよ！
昇進したい女性なんて、ひと握りです！

とても重要なポイントです。前節ではあえて「成果を残し職位を上昇させること」のほうに力点を置いた「女性の活躍」について、データをいくつかご紹介してきましたが、少し議論が先に進みすぎたのかもしれません。

女性の昇進意欲については、またおいおい触れるとして、ここでいま一度、本書が考える女性活躍の「もう一つの面」について、お話ししておきたいと思います。

2割近くの女性は「やる気はあるけど職場に不満」

ここからはより一般的な問題を扱います。つまり、女性の**「長く仕事を続けたい」という気持ち**、すなわち**就業継続意欲**を「活躍の指標」としてとらえていきましょう。次のグラフは、「できるだけ長く仕事を続けたいですか？」という質問に対する答えを男女別に示したものです（図0-8）。「仕事を長く続けたい」と思っている男性が78.4％だったのに対し、女性は84.4％がポジティブな回答をしています。ここには統計的に有意な差もあります（$p < .01$）。もしかすると、**男性よりも女性のほうが「仕事の継続」に前向き**だと聞いて意外に感じる人もいるのではないでしょうか。

図0-8 「できるだけ長く仕事を続けたい」と思っている人の割合（男女比較）

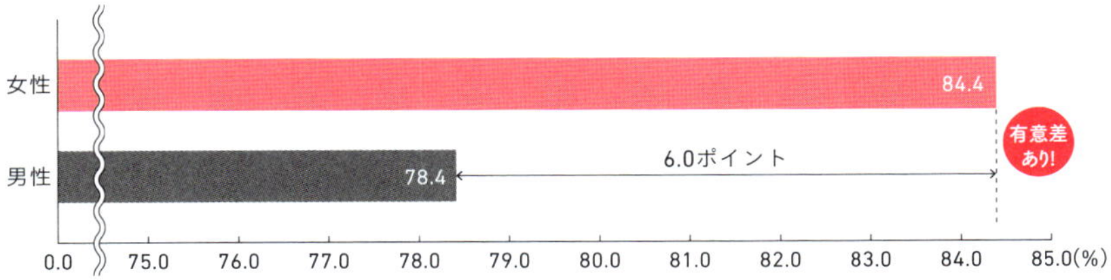

女性のほうが「仕事を続けたい」気持ちが強い

※対象：スタッフの男女（女性 n=823／男性 n=962）
※質問「現在、ライフイベントや所属組織にかかわらず、できるだけ長く仕事を続けたいと思っている」に対して回答「非常にあてはまる」「あてはまる」「ややあてはまる」をカテゴリー化して集計・分析（$\chi^2(1)=10.691, p<.01$）

出所：トーマツ イノベーション（現・ラーニングエージェンシー）×中原淳(2017)「働く男女のキャリア調査」

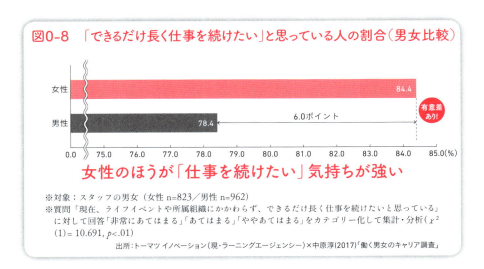

「『女性のほうがより長く仕事を続けたい』って……職種によるのでは?」と感じた人もいるかもしれません。今回のリサーチでは、事業部門だけでなく、いわゆるバックオフィス業務を担当するスタッフ部門の女性にも、同じ質問をしています。次のデータをご覧ください（図0-9）。

図0-9 「できるだけ長く仕事を続けたい」と思っている人の割合（部門比較）

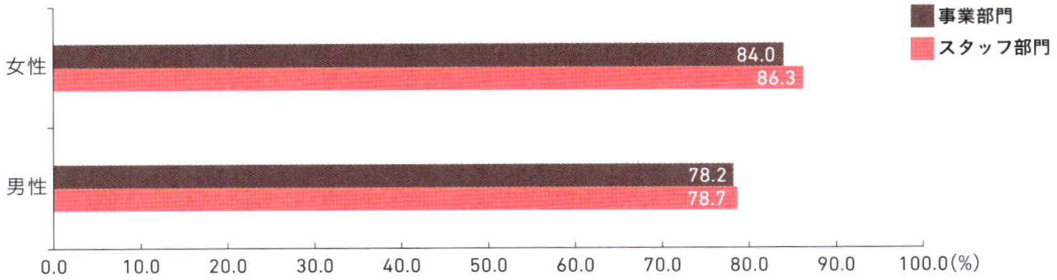

仕事の「継続意欲」は部門の違いとは無関係

※対象：スタッフの男女（女性：事業部門 n=495、スタッフ部門 n=306／男性：事業部門 n=655、スタッフ部門 n=287）
※質問「現在、あなたはライフイベントや所属組織にかかわらず、できるだけ長く仕事を続けたいと思っている」に対して回答「非常にあてはまる」「あてはまる」「ややあてはまる」をカテゴリー化して集計・分析（女性：$\chi^2(1)=0.736$, n.s.／男性：$\chi^2(1)=0.039$, n.s.）

出所：トーマツ イノベーション（現・ラーニングエージェンシー）×中原淳(2017)「働く男女のキャリア調査」

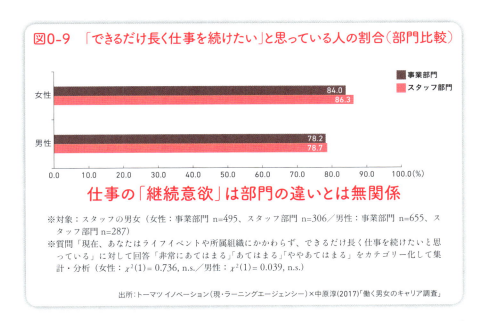

部門を問わず、「できるだけ長く仕事を続けたい」と思う女性の比率が高くなっていることが見て取れます。スタッフ部門の女性（86.3%）のほうが事業部門の女性（84.0%）よりも、就業継続への意欲は高くなっていますが、統計的に有意な差があるとは言えません。これらのデータからは、**仕事内容には関係なく、女性のほうが「長く仕事を続けていくこと」に対して前向き**である可能性が示唆されます。

より興味深いのはここからです。今度は、質問を「いまの職場で仕事を続けたいですか？」に変えてみるとどうなるでしょうか？　「できるだけ長く仕事を続けたい」と「現在の会社で仕事を続けたい」に対する女性の回答を比較してみました（図0-10）。

図0-10　女性の就業継続意欲

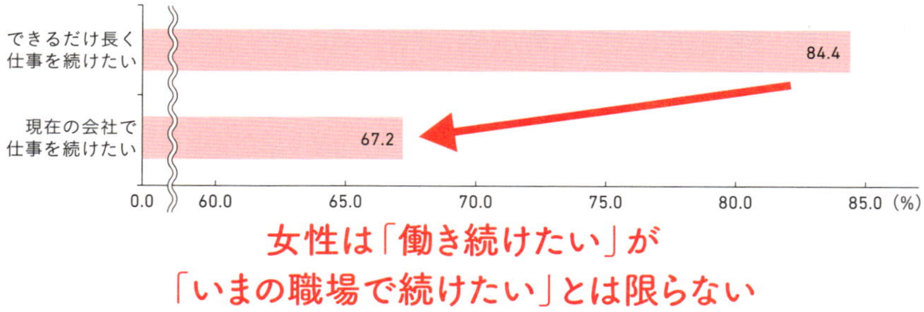

※対象：スタッフの女性（上 n=823／下 n=693）

※上段は質問「現在、ライフイベントや所属組織にかかわらず、できるだけ長く仕事を続けたいと思っている」に対して回答「非常にあてはまる」「あてはまる」「ややあてはまる」をカテゴリー化して集計・分析。下段は質問「あなたは現在の会社で働き続けたいと思っている」に対して回答「あてはまる」「ややあてはまる」をカテゴリー化して集計・分析

出所：トーマツ イノベーション（現・ラーニングエージェンシー）×中原淳(2017)「働く男女のキャリア調査」

ご覧のとおり、84.4%の女性が「できるだけ長く仕事を続けたい」と思っているのに、「現在の会社で働きたい」と思っている女性は、全体の67.2%に激減します。「仕事そのものは長く続けたいけれど、いまの職場だとずっとは続けられないな……」と感じている女性が一定数いるということです。

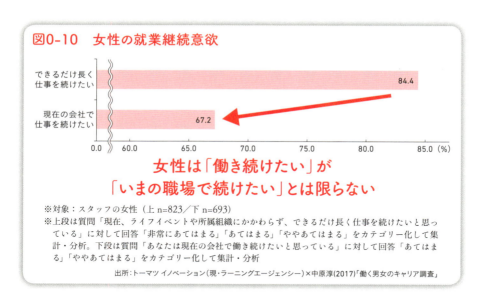

この問題をもう少し深掘りしてみましょう。「できるだけ長く仕事を続けたいかどうか」と「現在の会社で仕事を続けたいかどうか」を掛け合わせて、2×2の「4つのタイプ」に女性を分けてみるのです。すると、次のようなクロス表が得られます（図0-11）。

図0-11 「仕事を続けたい」×「現在の会社で続けたい」女性の割合

	現在の会社で働き続けたい	現在の会社では働き続けたくない
できるだけ長く仕事を続けたい	①仕事の継続意欲が高く、いまの職場にも満足 65.8%	②仕事の継続意欲は高いが、いまの職場には不満 18.5%
長く仕事を続けたいとは思わない	③仕事の継続意欲が低いが、いまの職場には満足 3.4%	④仕事の継続意欲が低く、いまの職場にも不満 12.3%

「続けたいけれど職場に不満」な女性（②）が真っ先に解決すべき対象である！

※対象：スタッフの女性（n=617）
※質問「現在、あなたはライフイベントや所属組織にかかわらず、できるだけ長く仕事を続けたいと思っている」に対しては回答「非常にあてはまる」「あてはまる」「ややあてはまる」と「あまりあてはまらない」「あてはまらない」「まったくあてはまらない」を、質問「あなたは現在の会社で働き続けたいと思っている」に対しては回答「あてはまる」「ややあてはまる」と「あまりあてはまらない」「あてはまらない」をそれぞれカテゴリー化して2×2のクロス表を作成した（$\chi^2(1)=122.140, p<.001$）

出所：トーマツ イノベーション（現・ラーニングエージェンシー）×中原淳（2017）「働く男女のキャリア調査」

まずは下段に注目してみましょう。③の女性（3.4%）と④の女性（12.3%）との違いは、いまの職場にそれなりに満足しているか、「この会社、辞めたいな……」と不満を抱えているかですが、「あまり仕事を続けたくない」と思っているという点では共通しています。

彼女たちがいきいきと働けるに越したことはありませんが、そもそも働くことに対するモティベーションを失っている（あるいは、もともとモティベーションがない）可能性も考えられます。

次に上段の2つをご覧ください。①と②のグループの女性たちは、仕事を続けることに対しては前向きですが、いまの職場に満足している①の人たち（65.8％）に対し、**とても残念なのが、全体の２割近く（18.5％）を占めている②の女性たち**です。なぜなら彼女たちは、仕事の継続意欲は高いのに、いまの職場で続けることには前向きになれないでいるからです。

自分たちの組織を振り返るときに、ぜひ着目していただきたいのは、まさにこの②の女性たちの存在です。図0-11で見たとおり、僕たちのリサーチでは、こうした女性が全体の「２割弱」を占めていました。「たった２割？」と思うかもしれませんが、今後も続くことが予想される人手不足の状況を考えれば、決して無視できない割合です。放置しておけば、彼女たちもそのうち③・④のグループに移ってしまうかもしれませんし、もっといい場所を求めて会社を離れてしまうかもしれません。

実際、日本の女性の離職には、育児・介護といった外的な要因以外に、本人の仕事に対する不満や行き詰まり感など、内面的なつまずきが強く影響していることがわかっています（Hewlett and Sherbin 2011*6）。

人事担当者、経営者のみなさんが、まず解決するべきは②のグループの女性たち、すなわち「できるだけ長く仕事を続けたいとは思っているが、いまの職場には不満がある女性」なのです。

女性は「やりがい」重視、男性は「見返り」重視!?

そもそも女性は働くうえで
何を重視しているのでしょうか？

そこで見ていただきたいのが、次ページのデータです。こちらは「働くうえで最も重視しているもの」のうち、男女差が大きかった上位２つを示したものです（図0-12）。

こちらのデータからは、どのような思いや考えで、女性・男性が働いて

図0-12　働くうえで最も重視しているもの（男女差）

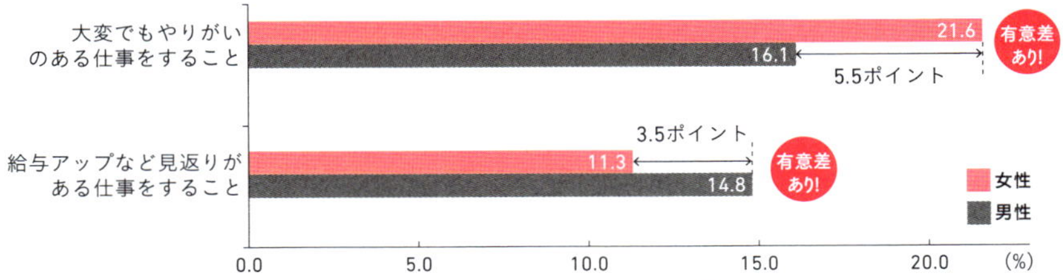

女性は「やりがい重視」、男性は「見返り重視」

※対象：全ステージの男女（女性 n=1539／男性 n=3257）
※「もっともあてはまる」と回答した人のうち、男女差が大きいもの上位2つを抜粋してグラフ化（上段：$\chi^2(1)=21.928, p<.001$　下段：$\chi^2(1)=10.976, p<.01$）

出所：トーマツ イノベーション（現・ラーニングエージェンシー）×中原淳(2017)「働く男女のキャリア調査」

いるのかが見て取れますが、男性にはちょっとショッキングかもしれません。

「仕事をするうえで重視していること」のうち、男女のギャップが最も顕著に見られたのは、「大変でもやりがいのある仕事をすること」でした。21.6%の女性が「やりがい重視」と答えたのに対し、同じ答えをした男性は16.1%と、5.5ポイントの差が見られます。女性は「職場でどのような仕事をするのか」を働くモティベーションとしているのです。

2番目に差が大きかったのは、「見返りのある仕事をすること」でしたが、これは先ほどとは対照的に男女が逆転しています。男性の14.8%が「給与アップにつながるかどうか」を重視する一方、そう考えている女性は11.3%であり、両者のギャップは3.5ポイントでした。

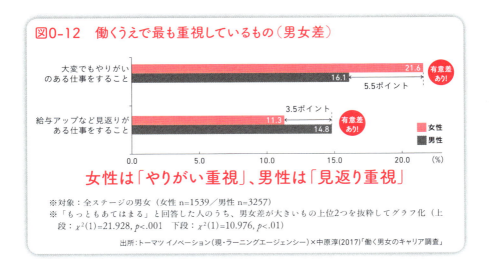

あえて言えば、**女性は「仕事のやりがい重視」、男性は「見返り重視」の傾向が見られる**ということです。お金や出世といった見返りを求める男性と、苦労はあっても内面的な満足を求める女性——ここまで図式化するとあまりに乱暴でしょうか。

いずれにしろ、女性に見られる「やりがいを求める傾向」は、これ以降女性の働く環境をどのように整えるかを考えていくうえでのキーポイントになりますので、ぜひ心に留めておいてください。
　ご自身の部下たち・社員たちを振り返ってみたとき、いかがでしょうか？
　このような男女差が、実感に沿ったものであるにせよ、そうでないにせよ、彼女たちの「活躍したい気持ち」「やりがいを重んじる姿勢」にしっかりと応えられているか、いま一度考え直してみていただければと思います。

TOPIC 03

女性が「長く働きたい」と思う理由は?

「ダイバーシティ対応」への試金石としての女性活躍

長く働き続けるってことが重要だって言いますが、そうしないといけないんでしょうか?

「職業選択の自由」が保障されている日本では、個人がどのような職業に就くのかは自由に決められます。もっと言えば、「働く／働かない」の選択すらも、「個人の自由意思」の問題です。ですので、必ずしも「働かない＝ダメ」というわけではありません。しかし、このような大前提がある一方、昨今の経済・社会の情勢変化によって、女性が働き続けることを選択するケースは、少しずつ増えています。

忘れてはならない「家計のため」という動機

女性活躍をどう捉えるにせよ、いまよりも女性が（そして男性も）活躍することに対して、あからさまに異を唱える人はいないはずです。女性がもっと活躍できる世の中が来るなら、それは望ましいことでしょう。一方で、**女性活躍は「望ましい」どころか、「避けて通れない」ものになりつつある**のも事実です。

まずは次ページのデータをご覧ください。

35〜39歳および40〜44歳の男性の平均年収の推移（1997・2016年）をまとめたグラフです（図0-13）。

図0-13　民間企業に勤める給与所得者の平均年収の推移

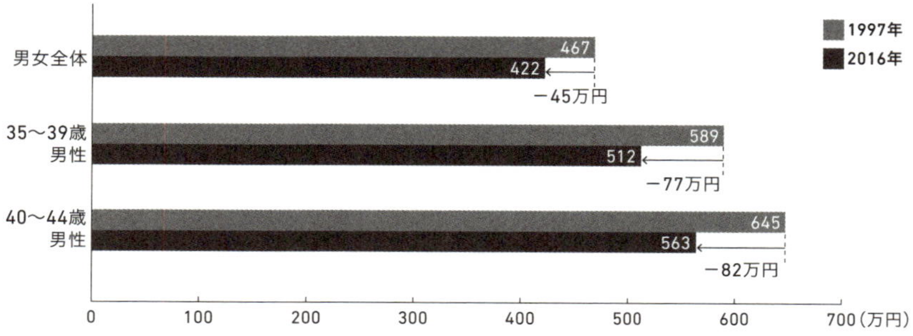

「子育て世代の男性」の給料が減っている

出所：国税庁「民間給与実態統計調査」より著者ら作成

過去と比べると、**子育て世代男性の給与水準はかなり低下している**ことがわかります。1997年に589万円あった35〜39歳男性の給与は、2016年にはマイナス77万円の512万円にまで落ち込みました。

これらの背景にあるのは、終身雇用を前提とした年功序列型の賃金制度の崩壊、組織のフラット化に伴う管理職ポストの減少、そして最大の要因である非正規雇用の拡大などです。これらにより、昇進に伴って右肩上がりで男性の給与が拡大していく従来のモデルは、いまとなっては限界を迎えています。そんな状況下で一定の世帯年収を維持するためには、**妻や母である女性たちが働きに出ざるを得ません**。

女性たちが共働き世帯として働きはじめる背景には、男性の給与低下以外にもいくつかの要因があると思います。たとえば、**子育てや子どもの教育の費用がかさむので、働くことをやむなく選択する**という女性も増えているでしょう。東京大学とベネッセ教育総合研究所が2018年に公開した調査によれば、「もっと子どもがほしいが、実際には難しい」と考えている母親の81％は、その理由として「子育てや教育にお金がかかるから」をあげています。世帯年収800万円以上の層に限っても、そう考えている人は68％もいます（東京大学Cedep・ベネッセ教育総合研究所 2018[*7]）。少子化のトレンドのなかで、**わが子の教育費を少しでも多く捻出しようとする人々の思い**が見て取れます。

次のデータは、共働き世帯・専業主婦のいる世帯の推移を示したデータです（図0-14）。

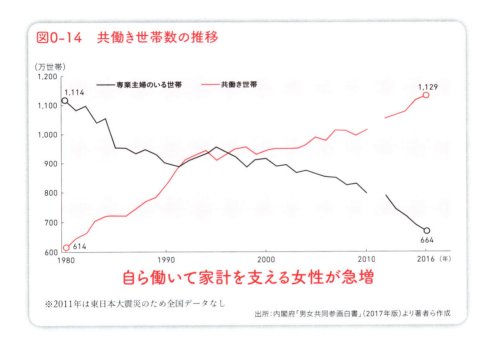

図0-14　共働き世帯数の推移

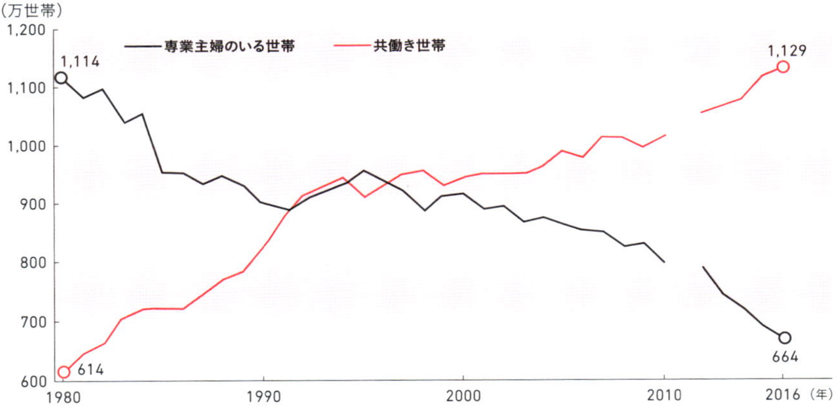

自ら働いて家計を支える女性が急増

※2011年は東日本大震災のため全国データなし

出所：内閣府「男女共同参画白書」（2017年版）より著者ら作成

専業主婦のいる世帯が過去30～40年にわたって減少し、共働き世帯が増え続けてきたことがわかります。1980年に1,114万世帯あった専業主婦世帯は、2016年には664万世帯にまで減っている一方、共働き世帯は614万世帯から1,129万世帯へとほぼ倍増しています。

M字カーブのところでも見てきたとおり、昨今では、育児期に仕事から遠ざかるのではなく、育児をしながらでも働くケースが一般化しつつあります。その背景にあるのは、離職をしてしまった場合に生まれる年収格差でしょう。

人手不足が喧伝される今日、たとえ育児を機に離職をしたとしても、その後に再就職することは、決して不可能ではありません。しかし、**そこには大きな「年収格差」が存在しています**。たとえば、「再就職経験者」の女性のうち、年収300万円以上を獲得しているのは、じつに全体の１割程度だといいます（永瀬ら 2011[*8]）。

また、ニッセイ基礎研究所によると、育児期にも同一企業で仕事を続けた大卒女性の生涯所得が２億5,816万円であるのに対し、育児離職したあとにパートで再就職した大卒女性は、生涯で6,147万円の所得しか得られないと推計されています（久我 2017[*9]）。「約２億円」もの差が生まれることを考えると、育児をしながらなんとか安定的・継続的に仕事を続けたいと思う女性が多くなるのには、納得がいくのではないでしょうか。

もちろん、これ以外の背景として、女性たちの高学歴化などに伴って、**「自分の財布」を持って消費活動を行い、社会とつながっていきたいという価値観**が広がってきたことも影響していることも考えられます。

このように、**女性の高い就業継続意欲には、「家計を支えなければならない！」というのっぴきならない事情があることを忘れるわけにはいきません**。女性たちには、「やりがい」を重視する半面で、やはり収入面も含めたリアリスティックな価値観があることも忘れてはならないでしょう。

優秀な人材を確保したいなら、女性を育成すべき

女性たちの高い就業継続意欲にどう応えていくかは、これからの企業にとっても非常に重要な問題です。

たとえば、**いま日本は未曾有の人手不足に直面**しており、ある試算によれば「2025年には必要な働き手に対して583万人足りなくなる」と言われています（パーソル総合研究所 2016[*10]）。

昨今では、人手不足が理由で出店や事業拡大ができないだけでなく、事業の継続すらできなくなる「**人手不足倒産**」という言葉すらも聞かれるようになりました。**質の高い働き手を確保していくことが、企業の経営課題**

として前景化しているのです。

未曾有のスピードで進む少子高齢化のなかで、こうした現実が続くことが「明白な未来」である以上、労働力の確保はこの国の将来を左右する、**国家の最重要課題でさえある**のです。

実際、すでに人手不足が深刻化しているパート・アルバイトの分野では、企業間で熾烈な「人材の獲得競争」がはじまっています（中原・パーソルグループ 2016[*11]）。

また、中小企業でも人材の確保は主要な関心事の一つになりつつあります。中小企業がどのような経営上の不安要素を抱えているか、どのような分野に注力していきたいかを示した次のデータをご覧ください（図0-15）。

図0-15　中小企業に聞いた「経営上の不安要素」（上）と「注力する分野」（下）

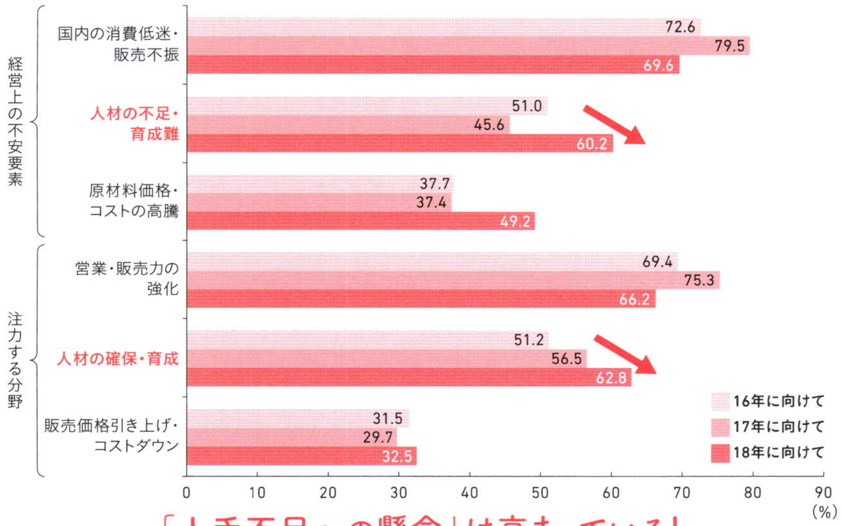

「人手不足への懸念」は高まっている！

※複数回答可（最大3つまで）。上位3つを抜粋して掲載（15年調査　n=565／16年調査　n=522／17年調査 n=530）

出所：日本政策金融公庫「2018年の中小企業の景況見通し」より著者ら作成

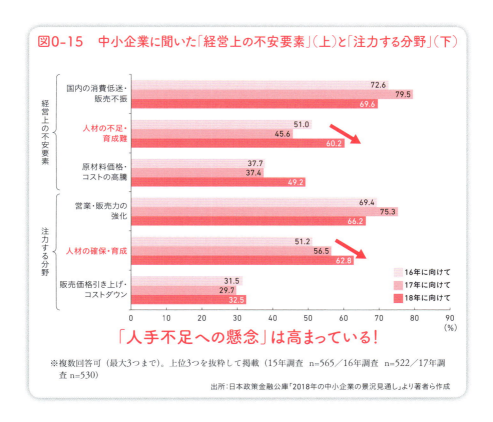

このように、中小企業では「人材の不足・育成難」への不安が高まっており、実に62.8%が「人材の確保・育成」に向けた経営基盤強化に注力していくと回答しています。
このようなトレンドは今後、大企業にも本格的に広がっていくことが目に見えていますし、あるいは、人事担当者のみなさんはすでにそうした実感をお持ちかもしれません。

このような現状を踏まえると、全労働力の半数を占める女性の活躍推進策は、同時に、**最も効果的な人材戦略（人手不足対策）**にもなり得ます。先見の明のある企業は、こぞって「女性にもやさしい職場」をつくろうとするでしょう。その反面、女性が働きづらい状態をいつまでも放置している企業は、いずれ深刻な人手不足に苦しむことになるでしょう。女性視点での職場見直しは、これからの企業が避けて通れない「経営課題」なのです。

「不幸な離職」をどれだけ減らせるか

とはいえ、女性活躍のための取り組みを、女性だけに焦点化して推進することはあまりにもったいないと思います。むしろ、これを「よい機会」として捉え、より多くの多様な働き方を求める人々（育児や介護などの個人的事情があって、いまはフルタイム就業ができず、時短勤務などの制度を利用しながら働いている労働者）が働きやすい労働環境を整備していくべきではないでしょうか。
一般に、人材確保の基本は、無駄な離職・不幸な離職を避けながら（流出を減らす）、優秀な人材を確保していく（流入を増やす）以外にありません。そのためには、ワーキングマザーや介護従事者など、「多様な働き方を求める人々」が働きやすい職場をつくれるかどうかにかかっているのです。

国籍や宗教・文化、セクシュアリティ、ハンディキャップなど、さまざまな個人的事情を抱えた「多様な働き方を求める人々」は今後、増え続けることでしょう。

たとえば、今後確実に増えてくる「多様な働き方を求める人々」として介護従事者があげられます。ある調査では、40〜50代の正社員のうち８割が「今後５年間に介護者となる可能性がある」と回答しています（厚生労働省 2011[*12]）。

また、「教員の働き方や意識に関する質問紙調査」（横浜市教育委員会・立教大学 中原淳研究室2018[*13]）では、50代の教員のうち26.4%がすでに介護に携わっていることがわかりました。

このような「多様な働き方を求める人々」に対しては、もはや９〜17時にオフィスで勤務するスタイルを画一的に強いることはできなくなっていく可能性もあります。共働き家庭がより一般化していく流れを考えれば、これからは男性も介護などの問題に向き合わざるを得なくなっていくでしょう。

そうした時代には、多様な勤務形態によって多様な人を受け入れることが、企業の大前提になっていきます。

その環境を用意できない企業からは、人がどんどん去っていくでしょうし、逆に、「多様な働き方を求める人々」のニーズに応えることのできる企業には、次々と優秀な人材が集まってくることになるのだと思います。

実際、就職先を決める際に、「その企業がダイバーシティをどれくらい受け入れているか？」という点を重視する人の割合も増えています。

近年行われたある国際的調査では、男女ともに「多様性や平等性に対して、確固たる方針を持って対処している職場」を就職先として選ぼうとする傾向が見られました。

人材確保の観点で見ても、いよいよ企業は多様性と向き合わざるを得ない時代に来ていると言えるでしょう。

多様性の高いチームでも成果は出せる

「多様な働き方を求める人」だらけの組織で、
果たして業績を維持できるのでしょうか？

経営者やマネジャーのみなさんは、おそらくこうした心配をされるかもしれません。従来のような同質的組織を前提とした人材育成や労務管理が通用しなくなれば、仕事の結果にもマイナスに作用するのではないか、というわけです。

これについては組織論のなかでも激論がありますが、最も引用される論文の一つに「**組織内の同質性は、企業のパフォーマンスに影響しない**」というノーステキサス大学のワトソンらの研究（Watson et al. 1993[*14]）があります。それによれば、同質性の高いグループと多様性の高いグループを比較したところ、当初は同質性の高いグループのほうが成果が出やすかったものの、17週経過時点からは両者の差はなくなったといいます。

多様性は一時的にはグループに混乱や葛藤を引き起こし、チームで働くがゆえの一定のロス（プロセスロス）を生んでしまうことがあります。組織に「遠心力」をもたらすという意味では、多様性はいわば「諸刃の剣」でもあります。構成メンバーの多様性を高めた結果、かえって組織内にコンフリクトが高まってしまったことを指摘する研究や、多様性が「協調」を失わせることを示した研究も、同時に存在します。多様性は組織に「ネガティブ」な効果をもたらすことも否定できないのです。

そのため、多様な組織を維持するためには、そうした「遠心力」に抗う力、いわば「求心力」が必要になります。たとえば、「ミッションマネジメント（組織の理念経営）」や「現場マネジャーによるグリップの効いたマネジメント」などは求心力の一つになり得ます（Jehn et al. 1997; Greer et al. 2008; Hobman et al. 2003; Pelled et al. 1999; Harrison et al. 2002; Smith et al. 1994[*15]）。

また、多様性がもたらす**混乱や葛藤は、組織やチームが自らを強化していくための手段にもなり得ます**。それらを乗り越え、新しい仕事のやり方を「定式化＝学習」していくとき、多様性の高い集団は、同質性の高い集団と同程度のパフォーマンスを発揮することができるようになるのです。

また、産業構造の面からも、日本の企業は新たなステージに入っています。かつての日本には、大量生産・大量消費を「是」とし、かつ、製造業が非常に大きな力を持った時代がありました。しかし、日本企業はいま、高付加価値のサービス・商品によって競争優位を獲得していく経営環境を生きています。日本のサービス産業の割合は、GDPベースで約７割（約350兆円）に達しており、かつての製造業をはるかに凌いでいます（経済産業省 2014*16）。

このような経営環境においては、企業の最重要課題は「イノベーション」、つまり、新たなサービス・商品・市場をつくりだして、競争優位を獲得していくことになります。そして、このイノベーションのきっかけになるものが、組織そのもののメンバー構成であり、その「多様性」です。これまでにない新たな発想は、さまざまな視点や意見が「交差」する多様性に満ちた場でこそ開花すると言われているからです。（Ancona and Caldwell 1992; Bantel and Jackson 1989*17）。

今後の日本社会では、「多様な働き方を求める人々」が否応なしに増えていきます。育児をしながら短時間の勤務を選ぶ人、週末に介護をしながら働く人、エイジフリー社会（定年レス社会）の到来で、60歳を超えても短時間で働くシニアの人々、さらには、一定期間だけ日本で働くことを選ぶ外国人……これまでの「日本人・男性・正社員」という画一的な労働の担い手は、次第にマジョリティではなくなっていきます。

「多様な働き方を求める人々」がいきいきと働き続けられる職場をつくりながらも、なんとかして事業や組織のパフォーマンスを維持していく必要があります。さらには、経営環境がサービス産業化していくなかでは、組織内に「多様性」を確保しながら、イノベーションを創出していくことが求められます。

企業にはもはやそれ以外の「選択肢」はありませんし、そのために国をあげた挑戦が求められています。みなさんの会社には、「多様な働き方」を許容するしくみや文化がありますか？

そして、そのための第一歩であり、最初のリトマス試験紙になるのが、「労働人口の大部分を占める『女性』がいきいきと働ける職場をつくれるかどうか」なのです。こうした職場をつくれれば、女性のみならず、多様な働き方を求めるほかの多くの人々にとっても、望ましい職場を実現していく端緒になると考えられます。

TOPIC 04

女性の「ロールモデル」は必要なのか？

「女性活躍推進」が陥りやすい神話

現状を変えるには、
女性のロールモデルが必要だと思います！

さて、ここまで「多様な働き方を求める人々」のニーズに応じた職場をつくっていくことが、今後の企業経営の課題になり得る背景を見てきました。一方、こうした環境づくりの議論をしても、その前の段階で「ウチの会社にはまだ『あとに続いていけるような女性のロールモデル』がいないから、女性活躍推進なんて無理！」と思われる方が、少なからずいらっしゃるようです。しかし、女性が活躍できないのは、「ロールモデルがいないから」なのでしょうか？　このトピックをここで取り上げたいと思います。

模範となる「完璧な女性」はどこにいるのか？

女性が活躍できる状況をつくろうというとき、多くの人が真っ先に語るのが、ロールモデルとなる女性の存在です。女性活躍推進の旗を振る政府も「ロールモデル創出」を謳っていますし、メディアでもそれを前提とした報道が繰り返されています。

じつは、そもそもこの言葉が何を意味しているのかもあまり明確ではないのですが、ほとんどの人が「ロールモデル」に相応しいと考えているのは、次のような複数の条件を満たす女性のことではないかと思います。

条件① 仕事で成果を上げていて、
条件② 結婚と出産も経験し、
条件③ 育児と仕事を両立させ、
条件④ マネジャーに昇進した女性

多くの企業は、程度の差こそあれ、①〜④の条件を満たす女性をロールモデルとして掲げているように思います。こういう女性を企業が発掘し、高く掲げておけば、女性従業員たちは「私も彼女みたいになれるようにがんばろう！」とやる気になるはずだ——ごくごく大づかみではありますが、ロールモデル論はこういう考え方に支配されているように僕には思えます。

しかし、このような複数の条件を満たす女性は、いったいどのくらいいるのでしょうか？ また、このような女性像は、多くの女性が目指すべき「ロールモデル」として本当に機能するのでしょうか？

図0-16 「スーパーウーマン」としてのロールモデル女性

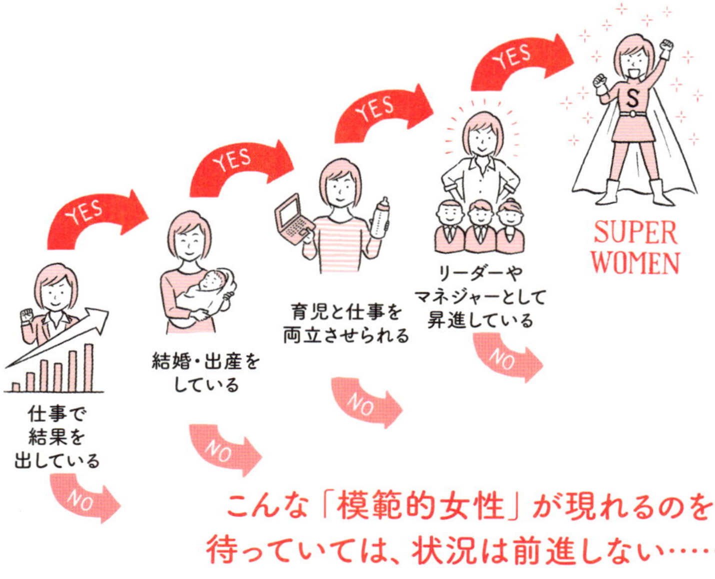

あくまで単純化した議論ですが、それぞれの分岐における達成確率を50%とした場合でも、４条件すべてを達成できる可能性は６％ちょっとです。ひょっとすると、実際の達成確率は50%よりも低いかもしれません。そんなわずかな可能性に、僕たちは将来の希望を託すべきなのでしょうか？　そのような女性が現れるのを待っているだけで、女性活躍は進むのでしょうか？

もちろん、仕事で成果を上げて、結婚・出産を経験し、産休・育休の制度を使いながら仕事と育児を両立させ、管理職としてバリバリ働く女性が、会社にとって貴重であることは言うまでもありません。そのような女性たちの奮闘には、心から賞賛を送りたくなります。

しかし、多くの働く一般の方々にとって、こうした女性たちは、わずか６％の可能性でしかありません。一般の女性から見れば、会社が設定したロールモデルは、目指したくても到達できない「高嶺の花」のように受け取られないか、心配になります。

ロールモデル論でじつはトクする人たち

でも、もしそんな優秀な先輩女性がいれば、
それに越したことはないですよね？

おっしゃるとおりです。現にそういう女性はいるでしょうし、懸命に努力している女性や企業さんもたくさんあります。

一方で、もう一つ指摘しておきたいことがあります。じつは、**「女性にはロールモデルがいない」という前提そのものが、かなりあやしいのかもしれない**ということです。次ページのデータをご覧ください（図0-17）。

ご覧のとおり、**４人中３人（75.1％）の女性は「自分にはロールモデルがいる」と考えている**ようです。だとすると、「女性にはロールモデルがいない」「だから会社がなんとかすべきだ」という議論自体も、根拠は薄いのかもしれません。

図0-17　あなたにロールモデルはいますか?

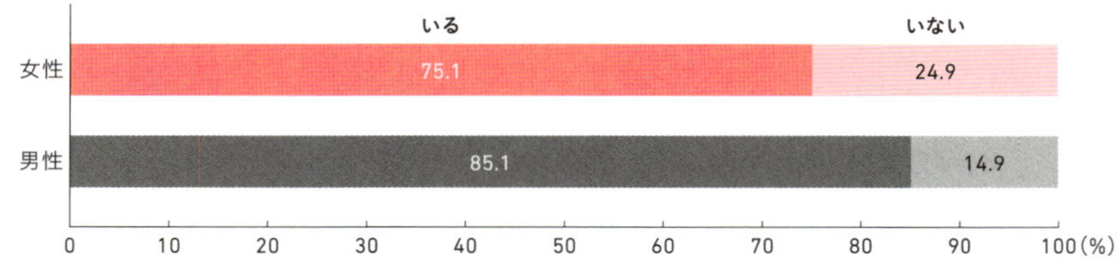

7割以上の女性は「ロールモデルがいる」と自覚

※対象：スタッフの男女（女性 n=916／男性 n=1129）

出所：トーマツ イノベーション（現・ラーニングエージェンシー）×中原淳(2017)「働く男女のキャリア調査」

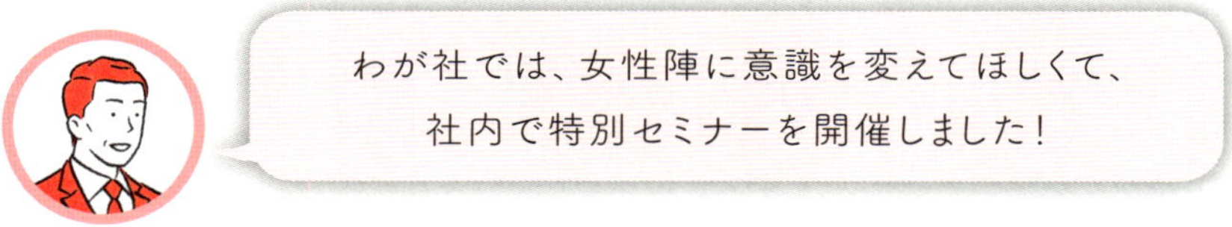

人事担当者のなかには、そういう人もいるかもしれません。なんらかの女性活躍推進策を講じねばならないので、外部講師や専門家を招いて、女性社員向けのイベントを行うというケースもあるようです。

しかし、こうした**イベント型の女性活躍推進**もまた、ロールモデル論と本質的には同じです。

ワンワードで申し上げれば、両者に共通するのは**「個人の力」に頼る発想**、「女性社員に手本や刺激を与えて、個々の女性に努力させていけば、女性が活躍する組織をつくれる」という考え方です。このイベント型施策には大きく２つの問題点があります。

まず何よりも、それは、一過性のイベントであるがゆえに、**継続性がない**ということです。「女性のみなさん、もっと自信を持っていいんです。自分らしく仕事をしましょう！」と励まされれば、誰だってその場では「明日からがんばるぞ！」とモティベーションが高まります。

とはいえ、これはいわば「徹夜を覚悟したときに飲む栄養剤」のようなもので、たしかに一瞬元気になりますが、根本的な解決にはなりません。

そして、もう１つの問題は多くの場合、こうした講演は**「個人の経験談」**

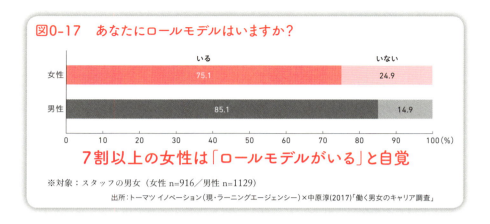

にならざるを得ないということです。セミナーにしろ書籍にしろ、語り手のほとんどは、自ら活躍の道を切り開いてきたスーパーウーマン（＝ロールモデル）です。彼女たちは、自分の経験をベースに、聴衆・読者に何が足りていないのかを延々と語ります。「私もかつてはみなさんと同じような普通の女性でした。しかし……」という具合です。

しかし、その「個人の経験談」が、ほかの一般的な女性にもあてはまると考えるのは早計です。彼女が「活躍」できたのは、その奮闘が認められるような環境が、たまたまそこにあったおかげかもしれないからです。

なぜ女性は「入社2年目」で昇進をあきらめるのか？

……では、いったいどうすれば
いいのでしょうか……？

ロールモデルもダメ、うまくいった個人の自分語りもダメ……そうだとすれば、何が現実を変えられるのでしょうか？　そこで見ていただきたいのが、次のデータです（図0-18）。

図0-18　入社1→2年目の「管理職志向」の変化（男女別）

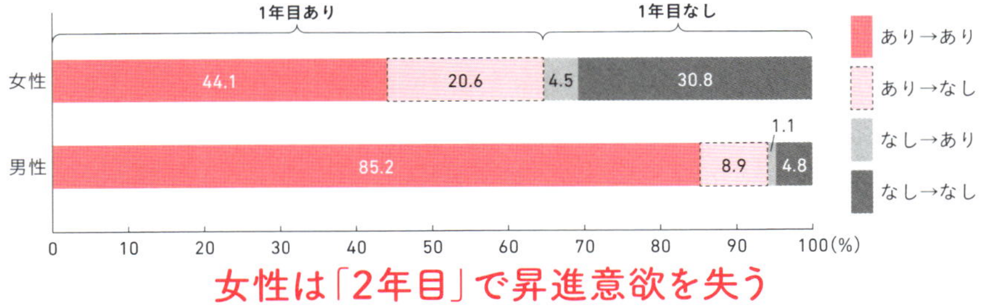

女性は「2年目」で昇進意欲を失う

※女性 n=305／男性 n=440
※第一回調査もしくは第二回調査で、「管理職になることが想定されていない職種である」と回答した者は除外
※あり＝「目指したい」＋「どちらかというと目指したい」、なし＝「どちらかというと目指したくない」＋「目指したくない」

出所：独立行政法人国立女性教育会館 2017＊18（一部を改変）

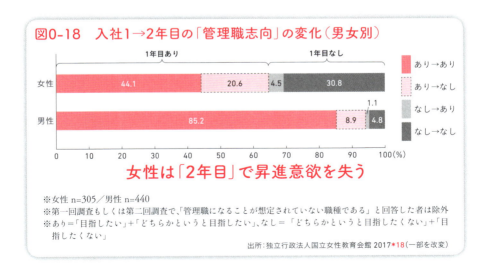

注目すべきポイントは２つです。まず、**入社１年目の段階で管理職志向には大きな男女差がある**こと。入社１年目の男性は94.1％が管理職を目指したいと考えているのに対し、女性でそう答えているのは64.7％。男女でじつに30ポイントほどの開きがあることになります。みなさんの実感と照らし合わせてみて、いかがでしょうか？

しかし、より重要なのはもう１つの点です。２年目以降も継続して「管理職を目指したい」と考えている男性は、９ポイントほどしか減っていませんが（85.2％）、女性ではなんと20ポイント以上の減少が見られます（44.1％）。驚くべきことに、職場での日々の仕事をしていくなかで、**入社２年目の段階にキャリア見通しを「下方修正」する女性がかなり多くいる**というわけです。

データ上にここまで大きな男女差が出ているとなると、**女性のモティベーションを一気に低下させる「構造的要因」の存在が推測されます**。これは、本人の努力や個人の資質だけに着目して女性の労働問題を語っていてはなかなか見えてこない「現実」です。

個人がどれだけ成果を上げられるか、どこまで成長できるか、どんな価値観を持つかといったことは、本人の努力もあるのですが、彼女たちにどのような職場でどのような仕事を任せるかに大きく左右されます。予告的に言えば、女性活躍推進に最も必要なのは「①女性たちが働く職場づくり」と「②キャリアステージに応じた支援」なのです。

だとすれば、みなさん（経営者・人事担当者・マネジャー、そして働く女性たち自身）がまずもって捨てなければならないのは、女性だけの努力に頼りきって女性の労働問題にアプローチしようとする発想です。

僕たちは、女性をはじめとした「多様な働き方を求める人々」が、もっと働きやすくなるよう、自らの組織や職場のあり方を見直していく必要があるのです。

TOPIC 05

女性の「育成・学び」に不可欠なものとは？

「職場づくり」と「トランジション」という2つのカギ

「個人に頼らない」で、人を育てる方法なんてあるのでしょうか？

女性目線で社内の人材育成を見直すうえでの第一歩は、個人の力に頼る発想を捨てることでした。だとすると、もうほかの解決策はないのではないか？——そう思う人もいるかもしれません。そこで最後に、「女性視点で社内の人材育成を見直す」とはどういうことか、そして、その着手点としての「職場づくり」と「トランジション」についてお話ししておこうと思います。

人を育てたいなら、まず職場を育てよう

前節では「無批判なロールモデル論から離れることが第一歩である」という指摘をさせていただきました。では、何をすれば女性はもっと活躍できるのでしょうか？

これも結論を先に申し上げますと、その一つめがズバリ**職場づくり**ということになります。

でも、本のタイトルには「人材育成」とあります。「人づくり」ではないのですか？

おっしゃるとおりです。しかも僕自身も日ごろ「人を育てる科学」の専門家を名乗っています。鋭い読者の方は、この点に大いに矛盾を感じておられるでしょう。

すでに知識や技術を持っているAさんと、それをまだ持っていないBさんがいたときに、「教育」を通じてAさんの頭の中をBさんにコピーする→それによってBさんも「一人前」になる――かなり単純化していますが、大部分の人は人材育成をこのような「人づくり」として捉えているはずです。

この図式を前提にすれば、「女性活躍推進＝ロールモデル女性の思考や行動を、まだ活躍していない女性に植えつけること」となるのは、ごく自然な流れでしょう。

そうした個人ベースのアプローチが、本質的な問題の解決にはつながらないのはすでに論じたとおりです。そこで人づくりの代わりに必要となるのが「職場づくり」の発想です。これは、**「誰もが働きやすい職場をつくること」こそが、人や組織の成長を促す**という考え方です。そうした職場で業務経験を積んでいけば、個人は業務能力を高めていくことができるからです。もう少し専門家らしく言えば、**人が育つ職場（環境）をつくっていくことこそが究極の人材開発である**、ということになるでしょうか。

ですから、「バリバリと活躍できるよう、女性の意識変革を促し、能力を高めていくこと」だけではなく、女性も含めた働く人たち全員にとって働きやすい職場をつくることこそが女性視点の人材育成の真の意味なのです。**「女性を変えようとするのではなく、女性たちが働いている職場を変える」――これが従来の女性活躍推進論に欠けている視点ではないか**と思います。

職場づくりには「3本脚」が不可欠

このように捉え直すと、「女性視点の人材育成」の主役は、女性たち本人もさることながら、むしろ、その周囲の人たちだということになります。

たとえば、**女性たちの働く職場を改善していくのは、彼女たちの上司であるマネジャーの仕事**です。ある職場で女性の離職が多いのだとすれば、それは第一義的には上司の責任です。ワーキングマザーのメンバーがいる場合、彼女を直接フォローするのはもちろんのことですが、同時に、彼女の働き方（時短勤務や急な休み、早退など）に対する周囲のメンバーの理解を促していくのもマネジャーの仕事です。

とはいえ、女性活躍のための対策を、現場の管理職に「丸投げ」するのも間違いでしょう。**女性がより働きやすくなる制度や仕組みづくりは、経営者や人事担当者の役割でもある**からです。

経営者や人事部のみなさんも、「女性管理職の数を増やす」というような表層的な目標で満足していてはいけません。やはり必要なのは、「誰もがあたりまえに働ける職場」「誰もがあたりまえにキャリアアップしていける職場」をつくるという考え方なのです。

職場づくりをしていくとき、意識すべきなのは「**3本脚の発想**」です。たとえば、ワーキングマザーのことを考えてみてください。とくに子どもが未就学児の場合、子どもの病気やケガなどの突発的な事情により、急な休みをとったり早退したりせざるを得ないケースは少なくありません。本来ならば、パートナーと分担して対応できるといいのですが、まだまだ女性に子育て期の負担がかかっているのが現状です。

このような状況下にあるワーキングマザーが、何もサポートがない職場で「育児と仕事の両立」をはかろうとするのは、「2本脚の椅子」に座るようなものです。外見的には安定しているようでも、座った本人は負担に耐えられずいつか倒れます。

本当の安定性を得るためには、もう1本の脚、つまり職場からのサポートが必要になります。メンバーたちの助力をうまく引き出すのは、現場のマネジャーの仕事ですし、それによって周囲のメンバーやマネジャーにしわ寄せがいかないようにしていくのは、人事担当者や経営者の責任でしょう。

図0-19　「3本目の脚」としての職場づくり

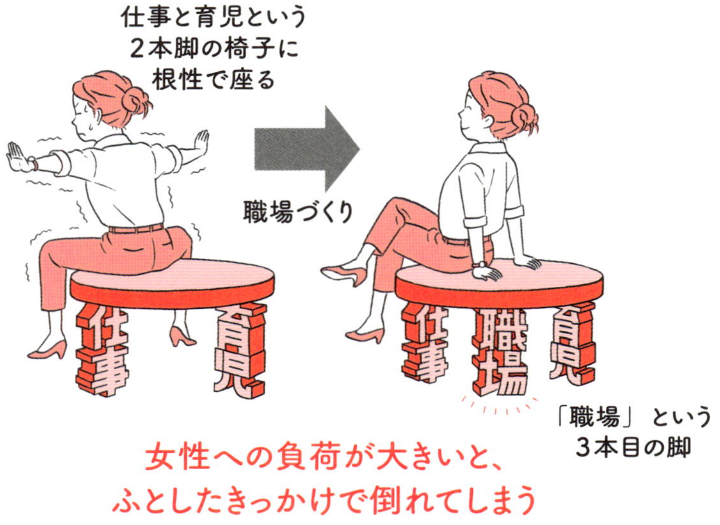

女性は「引き上げてくれる人がいない」と感じている

こう言ってしまうと、とくにマネジャーのみなさんは「いまだって十分大変なのに、これ以上どうしろっていうんだ……」と反論したくなるかもしれません。また、自身も女性であるマネジャーの方であれば、「私だってこれまで苦労してきたのに……」という思いもあるでしょう。

しかし実際のところ、**女性の働きやすさや就業継続意欲に最も強い影響を与えているのは、職場づくりの責任を負っている上司のマネジメント行動**なのです。日本ではまだあまり注目されていませんが、海外の研究ではこうした上司の働きかけに関して、より一般的な議論がなされます。

たとえば、 人のキャリア形成においては、仕事人生のなかで自分を引き上げてくれる存在、すなわち、**スポンサー機能**の有無が大きな意味を持つことがわかっています。みなさんには、キャリアアップのために必要な知識や技能を与えてくれる人、つまり、引き上げてくれる上司はいます／いましたか？

次のデータは「昇進や昇格のために必要な知識・技能を身につける機会を与えてくれる上司」、つまり、「スポンサー」が社内にいないと感じている人の割合を示したものです（図0-20）。

図0-20　自分には「引き上げ役の上司」が〝いない〟と感じている人の割合（男女比較）

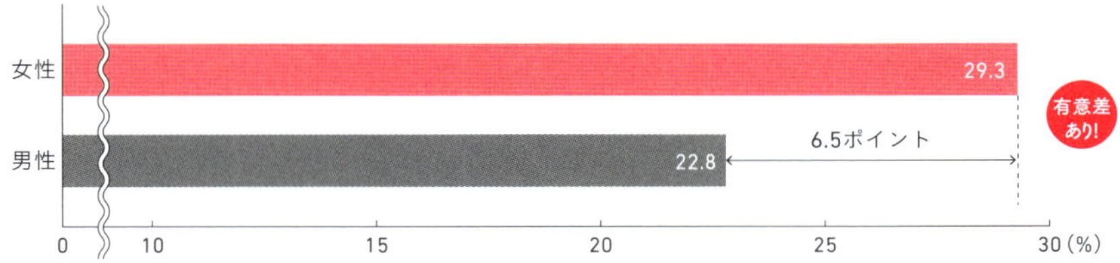

女性には「上司のスポンサー機能」が乏しい

※対象：スタッフの男女（女性 n=942／男性 n=1169）
※質問「現在、あなたには、昇進や昇格のために必要な知識や技能を身につける機会を与えてくれる上司がいる」に対して回答「あてはまらない」「あまりあてはまらない」をカテゴリー化して集計・分析（$\chi^2(1)=11.39$、$p<.001$）

出所：トーマツ イノベーション（現・ラーニングエージェンシー）×中原淳(2017)「働く男女のキャリア調査」

このとおり、**女性（29.3％）のほうが男性（22.8％）よりも「自分にはスポンサー役の上司がいない」と感じている**ことがわかります。女性のほうが「スポンサー機能の不足」を実感していることが明らかになりました。このようなスポンサー機能を用意しておくことも、職場づくりの一環でしょう。

みなさんの職場にいる女性たちはどうでしょうか？　彼女たちを引き上げてくれる存在はいますか？　一部の女性が正当な理由なく孤立していませんか？

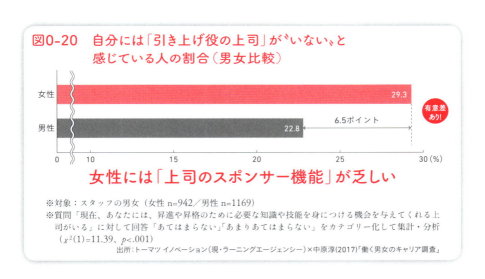

つまずくのは「キャリアの移り変わり」のタイミング

個人の状況はさまざまなのに……
女性を“ひとくくり”にしすぎではないでしょうか？

これもご指摘のとおりです。ここまでは、既存の議論が抱えていた根本的な問題点にフォーカスしてきたので、女性を“十把一絡げ”にして語ってきた面は否めません。科学的に考えるときには、一定の個別性・特殊性は排除せざるを得ませんが、集団としての「女性」だけを語っていては、現実的な打ち手を考えようがありません。

女性といっても、どういう女性なのか、より詳細に見ていかなければ、効果的な支援を行うことができないわけです。そのためには、女性のライフステージ、キャリアステージに合わせた、もう少し細かい支援の切り口が必要になります。

39ページで確認したことを思い出してください。女性は「長く働き続けたい」という気持ちを男性よりも強く持っていました。また、「やりがい」のある仕事を重視するのも、どちらかといえば女性でした（43ページ）。企業から見れば、非常に心強いことです。

しかし、女性がキャリアを上方に移動させていこうとする気持ち（**昇進意欲**）は、どうやらスポンサー機能の欠如のような外的環境によって、大きく挫かれているようです。これらの現実に直面したとき、女性はどこかで会社に見切りをつけて、「もういいや……」と諦めているわけです。

見切りをつけるタイミングは人それぞれです。入社直後かもしれませんし、5年目かもしれません。現場のリーダーやマネジャーになってはじめて壁にぶつかるという人もいるでしょう。また、子どもを産むことになったときや、実際に子育てをしてみたときに、「ここではもう働けないな……」と気づくケースも多いと思います。

そこで僕たちは、「職場づくり」に加えて、新たな切り口として**トランジション**（**役割移行**：Transition）にスポットライトをあててみたいと思います。ここでいうトランジションとは、「ライフステージ・キャリアステージに応じて、女性が担う役割の変化」をいいます。人材開発の研究でわかっていることの一つは、人はキャリアや役割が大きく変遷するタイミングで、挑戦課題を乗り越えるための支援を必要とするということです。

そこで、今回のリサーチでも、男性・女性をひとくくりにして扱うのではなく、「**スタッフ期**」「**リーダー期**」「**マネジャー期**」「**ワーママ（ワーキングマザー）期**」**という4つのトランジション・ステージに分けて分析**を行いました。

図0-21　本書で取り上げる4つのトランジション・ステージ

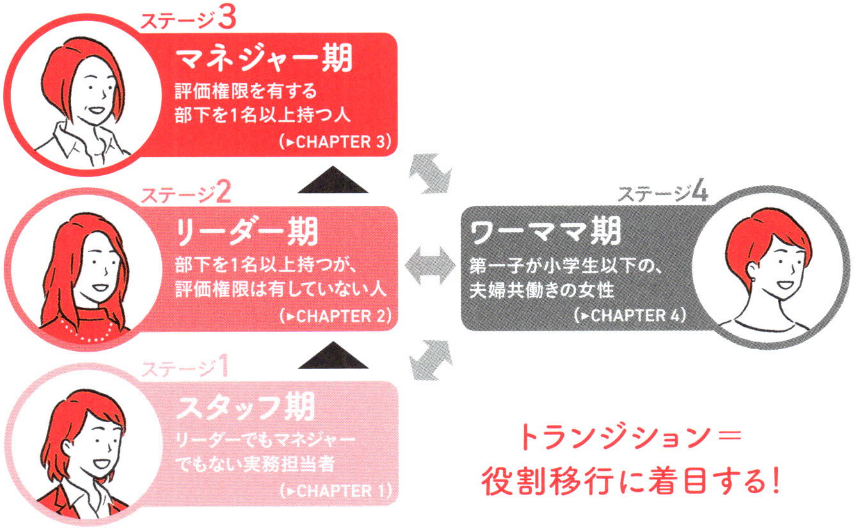

トランジションの視点は、これまでの女性活躍推進・女性リーダーの研究では、あまり着目されてきませんでした。国内外の学術的な研究をチェックしても、女性のトランジションに着目したリサーチはほとんどありま

せん。

もちろん、女性を支援するためには、トランジション以外にもさまざまな観点が考えられますが、「女性がどのような役割を担い、どのような挑戦課題に向き合うのか」を見ていくことで、各ステージにおける有効な支援のあり方を模索していくことができます。

実際、人材マネジメントの観点からすれば、ステージ別の課題がわかるだけでも、かなり効果的な支援を行えるようになります。本書の読者である「部下を持つリーダーやマネジャー」「社内人材の育成を担当する人事担当者」「社員の採用・育成に責任を持つ経営者や幹部」のみなさんにとっては、**トランジションに応じて女性を支援することが、女性が活躍できる職場づくりへのいちばんの近道**になるのです。

というわけで、これ以降のチャプターでは、順を追って各ステージに注目しながら、トランジション固有の問題と解決策を示していきたいと思います。CHAPTER 1で扱うのは、実務担当者である「スタッフ期」です。このステージの女性は、職場においてはいわばソロプレーヤーとして自分の仕事をこなしています。

CHAPTER 2では、「リーダー期」を扱います。このステージでは、仕事の指示を行う権限はあるものの、評価権限まではない部下を1名以上持っている人が想定されています。

CHAPTER 3で扱うのは「マネジャー期」です。この段階では、ソロプレーヤーからの「卒業」を果たし、1名以上の部下に対して評価やフィードバックを行っている女性を見ていきます。

ここまでのCHAPTER 1〜3は、女性のキャリアのいわば「線形的な発達」を扱っているわけですが、CHAPTER 4では育児をしながら仕事を続けている人、いわゆる「ワーママ期（ワーキングマザー期）」の女性を掘り下げていきます。「M字カーブ」は是正されつつあるとはいえ、職場やパートナーの助けを借りながら、このステージをいかに乗り越えるかは、女性のキャリアにとっては依然として極めて重要な問題だと思います。

CHAPTER 1の冒頭にちょっとしたクイズがありますので、まずはそちらにチャレンジしてみてください。クイズといってもこれには「決まった答え」があるわけではありません。こちらもまた、周囲の方との「対話」に活用いただくためのものです。

とはいえ、出題しっぱなしというのもちょっと無責任ですので、考え方の一例として「REFLECTION」をチャプター末尾の102ページに掲載しておきました。本文を読み終えたら、こちらをご覧いただき、ぜひみなさんなりの回答と比較してみてください。それでは早速まいりましょう！

CHAPTER 1

女性が「職場」に求めるもの

スタッフ期

QUESTION 01

今回、女性活躍推進の一環で
女性管理職を増やすことになりました。

女性社員のみなさんには、さらに活躍する
ためのフィールドが用意されたわけです。

いままで以上に働き、成果を出して、
ぜひこのチャンスを活かしてください！

部長さんの伝え方には
改善の余地があります。

みなさんなら、
どんな工夫をしますか？

TOPIC 06

女性スタッフが「辞めたい」と思う原因は？

女性目線で見る「不平等」と「長時間労働」

そもそも、女性がどんな職場を求めているか、わかっていますか？

さて、いよいよここからはトランジションのステージごとに、女性が働きやすいと感じるような職場づくりのポイントを見ていくことにしましょう。まずはスタッフ期、つまり役職などには就いていない実務担当者が、職場のどんなところに目を向けているのかを考えていきます。

仕事の継続意欲の高いスタッフ期の女性が「ここだったら今後も働き続けてもいいな」と感じるためには、どんな職場づくりが必要なのでしょうか？　すぐに思いつくのは「男性と平等に仕事の機会が与えられること」です。これらについても検証はされましたが、今回の調査のデータ分析からは別のポイントも浮かび上がってきました。

「女性が働き続けたくなる職場」の3つの特徴

もう一度おさらいしておきます。41ページで見たように、職場には「長く働き続けたい」という気持ちを持っていながらも、「現在の職場ではそれが難しい」と考えている女性が、少なくない割合で存在しています。経営の立場からすると、これは非常にもったいない状況だと言えます。

まずは、どのような要因がスタッフ期の女性たちに「いまの職場で働き続けたい」という気持ちを抱かせているのかを見ていくことにしましょう(図1-1)。

図1-1　女性の「いまの職場で働き続けたい」に影響する因子

順位	項目	影響度（β）
1位	責任を持って仕事に取り組む風土	.143**
2位	多様性を認める風土	.126**
3位	残業見直しの雰囲気	.119**

※対象：スタッフの女性（女性 n=827）
※統制変数には「年齢、社会人歴、業種、会社規模、女性社員割合、女性管理職の有無、会社業績」をダミー化して投入した。独立変数を「職場内の助け合い」「責任を持って仕事に取り組む風土」「残業見直しの雰囲気」「これまで、あなたの職場には、残業した人が評価される雰囲気が常にあった」「これまで、あなたの職場には、男女平等に仕事の割り当てがおこなわれていた」「これまで、あなたの職場には、既婚女性や子持ちの女性に柔軟な働き方をサポートする雰囲気が常にあった」「これまで、あなたの職場には、どちらかといえば男性の方が仕事の割り振りや評価の面で優遇されていた」「多様性を認める風土」「女性活躍支援制度」「これまで、あなたの会社や職場には、女性の昇進を阻もうとする女性幹部や女性管理職がいた」とし、「現在、あなたは、現在の会社で働き続けたいと思っている」を従属変数とした重回帰分析を行った（Adjusted R^2=.117）
※数値の隣の**は1%有意水準を表す

出所：トーマツ イノベーション（現・ラーニングエージェンシー）×中原淳(2017)「働く男女のキャリア調査」

まずは第1位にランクインしているのは、いまの職場に「**責任を持って仕事に取り組む風土**」（影響度$\beta = .143$）があるかどうかです。これはより具体的に言えば、「仕事を最後まで責任を持ってやり抜く」「同僚・部下からの質問に丁寧に答える」「間違いに気づいたらすぐに正す」などの行動を取る人がどれくらいいるか、つまり**「自分の職務をしっかりと果たそうとする雰囲気」がどれだけ職場にあるか**を表すものです。

こう書いてしまうとあたりまえなのですが、しっかりと責任感を持って仕事をする空気がどれだけあるかによって、ここで働き続けたいという気持ちが左右されるということでしょう。

第2位にランクインしているのは「**多様性を認める風土**」（影響度$\beta =$ .126）です。これは多様な働き方を認める雰囲気が、職場内にあるかどうかを表しています。これからは「多様な働き方を求める人々」の増加が予想されますから、女性の就業継続以外の観点で見ても、この点は非常に重要になると言えるでしょう。

第３位は「**残業見直しの雰囲気**」（影響度$\beta = .119$）です。これは「長時間労働はあたりまえ」という慣習を放置せず、その状況を改善しようとする空気が職場内にあるかどうかと言い換えてもいいでしょう。

女性のなかには、育児をしながらも仕事を続けたいと願う人々が一定数います。そうした人にとっては、長時間労働を放置する職場風土が、就業継続意欲を脅かす要因になり得るわけです。

まぁ……このランキングはなんとなくわかりますけど、「産休や育休の制度があるか」「制度が使いやすいかどうか」なども、女性の就業継続にとっては大切なのでは？

なるほど、一般的にもよく注目されるポイントですね。これが第１位に来ていないことを不思議に思う方もいるかもしれません。

もちろん今回のリサーチでも、これらに関連する項目は分析対象になっています。「産休・育休の取得を奨励する雰囲気がある」「産休・育休後の職場復帰を支援する雰囲気がある」などの質問項目が１つのグループ（因子といいます）にまとめられることがわかったので、これらを「**女性活躍支援制度**」と名づけ、上記の分析のなかにも含めてみました。

しかし、結果だけを申し上げれば、**「女性活躍支援制度」は、女性の「現在の会社で働き続けたい気持ち」に有意な影響を与えてはいなかったのです**。あくまでもデータ上の話ではありますが、**産休・育休が取りやすかったり、復帰がしやすかったりするだけでは、女性の就業継続意欲は大きくは変わらない**のではないかということが示唆されます。

これには２つほどの要因が考えられます。第一に、多くの人々にとっては、「ふだんの職場環境」が最も大事だということです。ですから、いくら産休・育休制度の利用が奨励されていようと、また、職場復帰後の支援が充実していようと、戻っていく職場で長時間労働が慢性化していれば、やはり女性が「ここでずっと仕事を続けたい」という気持ちを持つことは難しいのでしょう。その意味で、多くの人々が自分の将来を決めるのは、結局、「半径5メートルの身近な職場」がよいかどうかなのかもしれません。

もう1つの理由は、「女性活躍支援制度」は、すでにかなり整備されてきており、かつ、それを利用する女性も増えているので、それ自体が直接、女性の就業継続意欲に与える影響は小さくなっているという可能性です。厚生労働省が、2018年5月に発表した「雇用均等基本調査」(速報版)によると、女性の育児休業取得率は2017年度83.2%で前年度比1.4ポイント上昇しました。別の統計で女性の育休取得者(育休給付金受給者)を調べると、2016年度は31万7,000人に上り、2006年度の13万1,000人からここ10年で「倍増」しているのです。制度を利用する人が相当数にまで増えてきている局面では、ただ制度が「ある」だけでなく、実際にそれを使いながら長く働き続けられる労働環境が、「整備されている」かどうかがポイントになってくるのではないでしょうか。

一方で、今回のデータでは、「制度」が女性の就業継続意欲につながっていることは確認できなかったにせよ、女性支援の制度を充実させていくことは、女性が働きやすい環境をつくっていくうえではやはり重要です。結婚や出産に関しても、多様な選択が可能になったいまでは、制度的な環境整備をしただけでは、女性の就業継続意欲を高めるまでには至りません。それらはむしろ「最低限の条件」だと言えそうです。最低限の制度を整えたあとには、「半径5メートルの職場」をよりよいものにしていくことが求められます。

45%の女性が「男性優遇」を実感している

次に、第2位に来ていた「**多様性を認める風土**」をもう少し詳しく検討してみましょう。これは「女性に対する機会平等」「女性によるリーダーシップ発揮を受け入れる雰囲気」という2つの項目から成る変数です。

女性にも平等にチャンスを与え、職場をリードする立場に就くことをよしとする空気が職場にあるかどうか――これによって、女性の継続意欲が影響されるということです。

逆に言えば、男性ばかりにチャンスが与えられていたり、女性リーダーを拒絶するメンバーがいたりすると、女性たちは「ここでずっと働くのはいやだな」と感じるようになります。

日本の企業・組織において、伝統的に「男性中心の職場文化」が幅を利かせてきたという事実は、つねに過去の研究においても指摘されてきました。オランダの心理学者ヘールト・ホフステードは、1970年代に、グローバル企業のIBMの協力を得て、全世界の組織がいかなる文化的特徴を有しているかを考察しました（Hofstede 1991[*19]）。ホフステードが計測したのは、①上下関係の強さ、②個人主義的傾向の強さ、③不確実性を回避する傾向の強さ、④男らしさを求める傾向の強さ、⑤長期的視野を求める傾向の強さ、⑥快楽的か、はたまた禁欲的な文化を有しているかどうか、の６点です。このうち、④男らしさを求める傾向の強さは、男性中心主義的な組織文化の指標だと言えるでしょう。

④男らしさを求める組織文化の項目に関して、なんと日本は調査対象国53カ国のうちで最悪の評価――すなわち53位を記録しました。ホフステードの研究からはや40年以上。いまなおこの傾向が変化していないとすれば、まことに嘆かわしいことです。

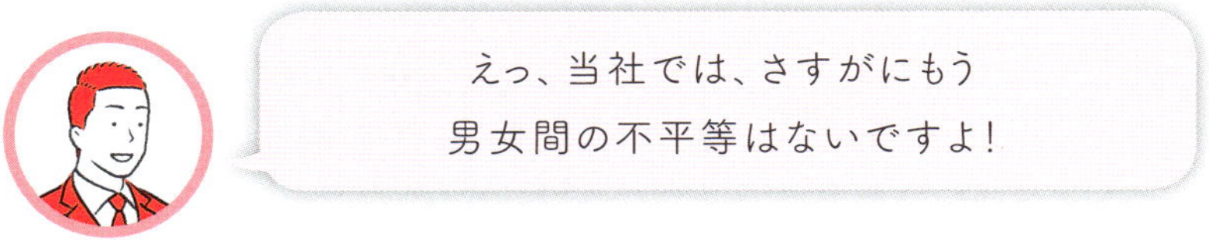
えっ、当社では、さすがにもう
男女間の不平等はないですよ！

機会の平等については、「ああ、やっぱりそうか……」という声と「え、いまだにそんな職場があるの？」という声、両方があると思います。

これは職場の状況によるところも大きいでしょうが、ここで重要なのは、立場によって「見えている現実」が違っている可能性があることです。

次ページのデータは「職場では男性のほうが優遇されている」と思っている人の割合を男女別で比較した結果です（図1-2）。

図1-2　「職場では男性のほうが優遇されている」という実感（男女別）

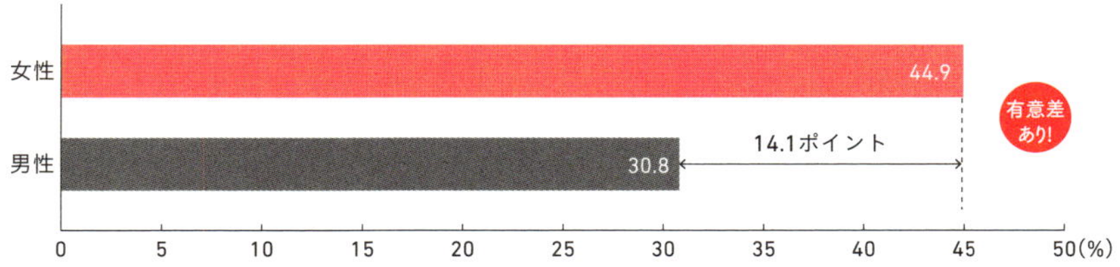

45％の女性がなんらかの不平等を感じているが、男性は相対的にそれが見えていない

※対象：スタッフの男女（女性 n=989／男性 n=1252）
※質問「これまで、あなたの職場では、どちらかといえば男性の方が仕事の割り振りや評価の面で優遇されていた」に対して回答「あてはまる」「ややあてはまる」をカテゴリー化して集計・分析（$\chi^2(1)=46.401, p<.001$）

出所：トーマツ イノベーション（現・ラーニングエージェンシー）×中原淳(2017)「働く男女のキャリア調査」

半数近くの女性（44.9％）が「男性優遇」を感じており、男女間でじつに14.1ポイントという明確なギャップが出ています。

これについては、職場づくりを担うマネジャーや人事担当者にも、言い分はあるでしょう。しかし、まずしっかりと認識しておくべきは、半数近くの女性がなんらかの不平等感を抱いているという事実です。

みなさんの職場の女性は、「男性のほうが優遇されている」と感じているでしょうか？　あるいは逆に、「女性のほうが優遇されている！」という職場もあるかもしれません。そう感じているのだとすれば、それはいったいどんな場面・どんなときでしょうか？　あるいは、男性と女性とで、どんな点に関して認識ギャップがありそうでしょうか？　そうした問いかけをもとに対話をしてみてください。

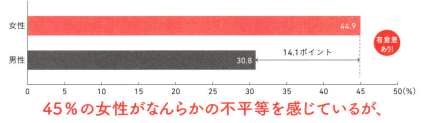

「長時間労働＝出世」の慣習がやる気を削ぐ

第3の要素は、今回のリサーチで見えてきた重要な知見の一つです。「**残業見直しの雰囲気**」がある職場ほど、女性は「ここで働き続けたい」と感じるということがわかりました。なぜ「残業」がここまで働く女性の気持ちを左右するのでしょうか？

長時間労働問題ですか。残業って、なかなか減らないですが、そうは言っても、昔と比べれば日本人の働く時間って減っていますよね？

果たしてそうでしょうか？　下に掲載したのは、フルタイム雇用者の労働時間（週）を1986年と2006年とで比較したデータです（図1-3）。

図1-3　フルタイム雇用者の週労働時間（1986年・2006年）

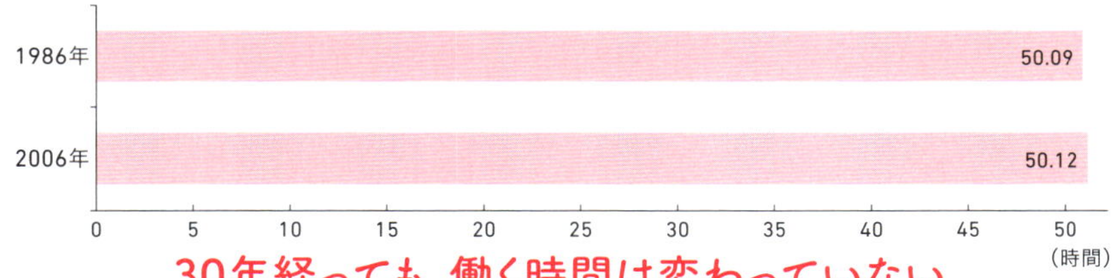

30年経っても、働く時間は変わっていない

出所：黒田 2009*20をもとに著者ら作成

日本人の労働時間は「パートタイム労働者比率の上昇」「週休２日制導入」によって、全体としては80年代後半から徐々に減ってきたと言われます。しかし、こと**フルタイムでの雇用者の平均労働時間は、人口構成やライフスタイルの変化を考慮すると、ほぼ同水準で高止まり**しています。

とりわけ、男性と女性を比べた場合、男性の長時間労働は深刻な問題です。昨今、「働き方改革」という国家的チャレンジのなかで、労働時間の短縮が叫ばれていますが、まだまだ改善の余地があります。

女性と残業の問題に関連してまず見ていただきたいのが、「月残業時間が30時間以上の人の割合」をステージ別×性別で比較した次ページのデータです（図1-4）。

図1-4 「月残業時間が30時間以上の人」の割合（男女・ステージ別）

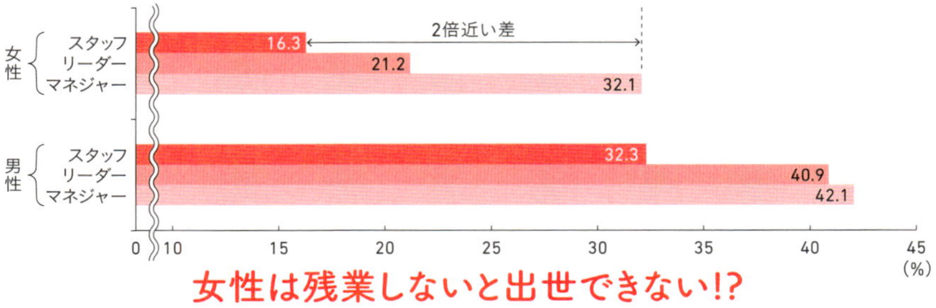

※対象：全ステージの男女（女性：スタッフ n=1005, リーダー n=339, マネジャー n=365／男性：スタッフ n=1547, リーダー n=792, マネジャー n=1281）
※1カ月の平均残業時間を「30時間以上50時間未満」「50時間以上」と回答した人の比率を集計

出所：トーマツ イノベーション（現・ラーニングエージェンシー）×中原淳(2017)「働く男女のキャリア調査」

まず、**男性のほうがより多く残業をする傾向にある**ことは一目瞭然です。スタッフだけに注目すると、女性は16.3%に対して、男性は32.3%です。これはみなさんのイメージと比べてみてどうでしょうか？

もう一つは、スタッフ→リーダー→マネジャーと**ステージが上がるにつれて、長時間残業の割合が増えている**ということです。とくに、女性のスタッフ期に30時間以上の残業をする人は16.3%であるにもかかわらず、女性のマネジャーになると32.1%と、ほぼ２倍にまで残業がぐっと増えていることが読み取れます。

昇進するにつれて長時間労働が常態化していくこの現実――とりわけ、自分と同じ「女性」のマネジャーの労働状況を見てしまうと、スタッフ期の女性たちは、「この先、もしも昇進などしてしまった日には、あのような働き方をしなければならないのか……」と不安に思ってしまうことでしょう。長時間労働をしているマネジャーは、スタッフ期の女性たちにとって、就業継続意欲や昇進意欲を引き下げる「**負のロールモデル**」として機能してしまうのです。

女性活躍推進のカギは「長時間労働の是正」

いや、私は仕事がしたくて
残業しているんです！

もちろん、そういう方もいらっしゃると思います。自らの仕事にやりがいを感じて残業し、結果を出せたからこそ、役職に就いていらっしゃるのだとすれば、それは他人がとやかく言うことではないと思います。

一方で、残業の見直しが女性の意欲向上につながるというのは、本書全体にとっても重要な論点です。**女性活躍推進のカギは、長時間労働の見直しなどをはじめとした「働き方の見直し」**なのです。

みなさんの組織内には「長時間労働をしている人が、組織へのロイヤルティ（忠誠心）が高い人である」とか「文句を言わずに残業する人は、モチベーションの高い人だ」といった、暗黙の指標が存在していないでしょうか？

長時間にわたって働くことは、やる気や昇進意欲の「シグナル」として利用されてきたことが先行研究からわかっています（**シグナリング理論**）。文句を言わずに長時間労働を受け入れることが、「自分は昇進したいです」「自分には組織に対する忠誠心があります」というメッセージとして利用されてきたということです。「今日やるべき仕事が終わったのに、サボっていると思われないために仕方なく残業する」あるいは「休日出勤している人ほど評価されて、早く出世できる」といった職場は、まだまだ世の中にたくさんあるのではないでしょうか。

しかし、育児や介護などによって、長時間労働を受け入れられない人は、ここに絶望を感じます。**「長時間労働をしない限り、評価されない」という現実がある限り、昇進を望む女性の割合はなかなか増えていかない**でしょうし、ひいては「ここではずっと働けないな……」という気持ちを生み出してしまうのです。

それにしても……
なぜ残業は減らないんでしょうね……？

重要なポイントをご指摘いただきました。残業が生まれてしまう理由にはさまざまなものがあります。ここでは3つだけ、典型的なものをあげておきましょう。

最大の理由は、人材育成の機能不全によって、「**職務の割り当てに無駄が生じること**」です。単純に言うと、「職場のなかに仕事のできる人と、できない人がうまれ、できない人の仕事をカバーするために、多くの人々が残業している」ということです。残業に関する別の調査研究（パーソル総合研究所・中原 2018[*21]）によれば、「優秀な部下に優先して仕事を割り振っている」と回答した職場マネジャーの割合は60%を超えており、スキルの高いメンバーに業務が集中していることが判明しています。そのため職場の人材育成のあり方を見直すことが、長時間労働問題の対策になり得ます。

もう1つは、職場内の同調圧力により、「**帰りにくい雰囲気**」が蔓延するといったケースです。長時間労働が横行している職場では、「先に帰りにくい雰囲気」が生まれ、この打破が非常に難しくなっています。

3つめは「**仕事の見直し不足**」です。慣習になっている非効率なやり方や、生産性が低いまま放置されている業務・制度がないかなど、職場のなかの仕事を絶えず見直すこと――これこそが残業を見直すための第一歩です。マネジャーや人事担当者に「よりよい職場づくり」の意識が欠けていれば、残業を減らすことはできません。

会議ひとつとっても、日本の組織には見直すべき点が多くあるのではないでしょうか？　余計な人数が集められていたり、アジェンダが決まっていなかったり、発言が不規則だったり、決めたはずのことが確認されず何度も蒸し返されたり、議事録がとられていないがゆえに、出戻りが生じたり……。

こうした物事を少しずつ見直して、生産性を高める努力をしていくことが、女性をはじめ「多様な働き方を求める人々」に応える職場づくりにつながるのだと思います。

TOPIC 07

女性スタッフが「出世」を嫌がる理由とは？

「昇進意欲」を規定する要因

私はただ目立ちたくない、昇進したくないだけです……

「仕事への責任感」「機会の平等」「残業見直し」……女性が求めるこれらの要素を十分にフォローしていないことから、女性の「いまの職場で働き続けたい」という気持ち（就業継続意欲）が大きく引き下げられている可能性が見えてきました。一方で、女性の「出世したい」という気持ちは、どんな要因に影響を受けているのでしょうか？　すでに見た「ロールモデル論」をもう一度掘り下げてみながら、女性の昇進意欲を邪魔しているものを明らかにしていきましょう。

女性の「昇進なんかしたくない！」の元凶

仕事にはやりがいを感じていますし、長く働き続けたいとも思っていますが、とにかく出世するのはいやなんですよね……

こういう女性はたくさんいらっしゃるでしょう。何度も繰り返しますが、昇進だけが「活躍」ではありません。それは男性も女性も同じです。

ただ、昇進意欲に見られる明確な男女差（59ページ）を考えると、**女性の「昇進したくない」という気持ちは、もともと女性が個人的資質として持っているものではなく、組織や職場に入ったあとで、外的要因によって“つくられた”もの**である可能性も否定できません。

では、スタッフ期の女性がより上位のステージへのトランジションを受け入れていくためには、どんな職場環境が必要なのでしょうか？
「昇進意欲がある」と答えた女性と「昇進意欲がない」と答えた女性とで、差が顕著だった職場の特徴２つを抽出しました（図1-5）。

図1-5　どんな職場だと「昇進意欲のある女性」が育ちやすいのか？

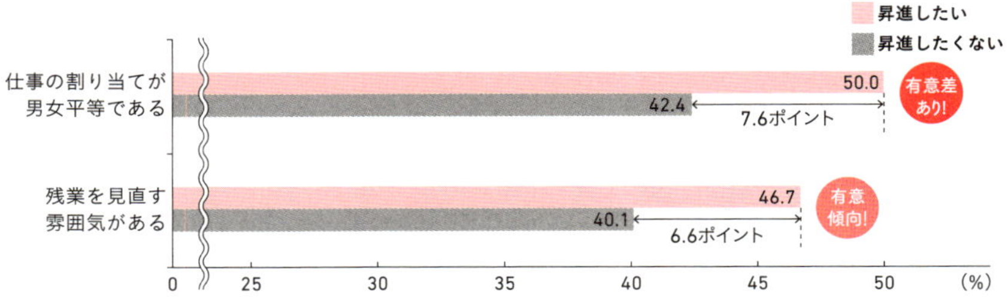

昇進意欲を引き下げるのは「不平等」＋「長時間労働」

※対象：スタッフの女性（上からn=448, n=269, n=452, n=272）
※質問「現在、あなたは昇進したいと思っている」に対し、回答「非常にあてはまる」「あてはまる」「ややあてはまる」を「昇進したい」、回答「あまりあてはまらない」「あてはまらない」「まったくあてはまらない」を「昇進したくない」にカテゴリー化し、これまでの職場に関する質問に回答「あてはまる」「ややあてはまる」を選んだ人の比率を集計・分析。両者の回答に有意差があったもの、差が有意傾向のものをグラフ化した（上から$\chi^2(1)=3.917, p<.05$／$\chi^2(1)=3.006, p<.10$）

出所：トーマツ イノベーション（現・ラーニングエージェンシー）×中原淳（2017）「働く男女のキャリア調査」

やはり、前節の「いまの職場で働き続けたい気持ち」のときと同じような結果が出ています。差の大きい順に「仕事の割り当てが男女平等」（7.6ポイント）、「残業を見直す雰囲気」（6.6ポイント）と続いています。基本的には、**女性の「就業継続意欲」を高める職場づくりが、女性の「昇進意欲」の向上にもつながる**と考えればいいでしょう。

なお、仕事の割り当てと慢性的な長時間労働の慣習が、女性の昇進意欲に影響を及ぼす可能性があるという仮説をさらに補強するものとして、興味深いデータを２つご紹介しましょう。
まず、次のデータは女性の昇進意欲と、基幹的職務の経験の多さとの関係を示したものです。基幹的職務とは、「対外的な折衝をする職務」「会社

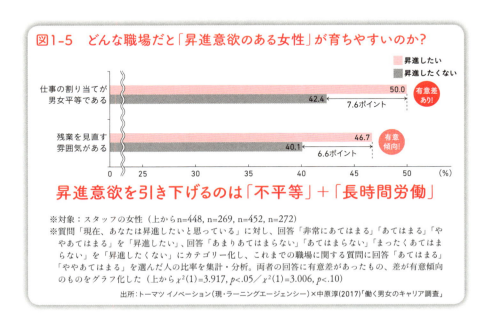

の事業を立案する職務」「スタッフを管理する職務」「プロジェクトのリーダー的職務」など、企業の中核的な仕事のことを指します（図1-6）。

図1-6　管理職への昇進希望（基幹的職務経験の程度別／総合職の女性）

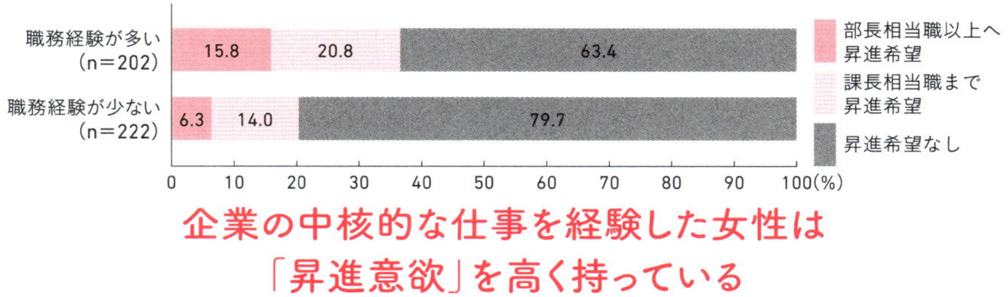

出所：高見 2018*22 p.73（一部を改変）

ご覧のとおり、課長相当職以上への昇進を希望する人の割合を比較すると、企業の中核を担うような仕事を多く経験している女性では36.6%（20.8%＋15.8%）だったのに対し、そうした経験がない女性では20.3%（14.0%＋6.3%）に留まっています。基幹的職務を経験した女性ほど、昇進意欲を持ちやすいことが見て取れます。

これと似た知見としては、女性新入社員を対象にした島（2017）[*23]の研究があります。それによれば、「発表・報告のためのプレゼンテーション能力」「社内外で円滑に仕事を進めるコミュニケーション能力」「企画・アイデアなどの創造力」「チームやグループを牽引するリーダーシップ」「論理的な思考力」などを自分は備えていると考える女性ほど、管理職を目指そうとする傾向があるそうです。つまり、「オペレーション的な単純な仕事の能力」ではなく、「自分には中核的な実務能力がある」という認知こそが、昇進意欲に影響するのです。

さらに面白いのが、女性がこうした基幹的職務に割り当てられている割合を、同一企業に勤める男性の残業頻度別で見た次ページのデータです（図1-7）。

このとおり、男性の平均的な残業頻度が少なければ少ないほど、同じ企業で働く女性はより多く基幹的職務を経験しています。逆に、男性の残業

**図1-7　基幹的職務を多く経験した女性の割合
（同一企業の男性の残業頻度別／総合職の女性）**

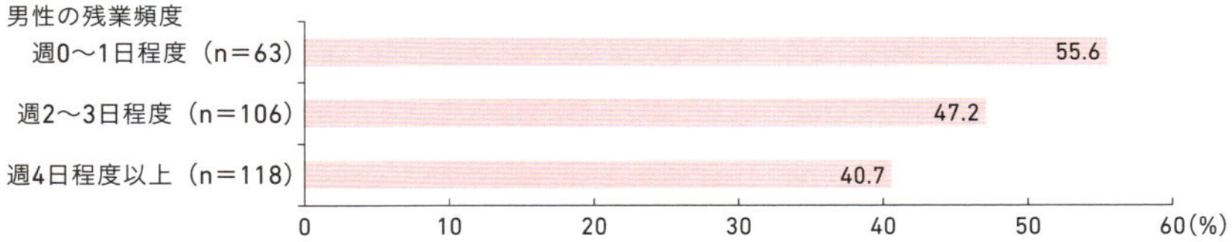

**「男性の長時間労働」が慢性化している職場では
女性に「チャンス」が与えられない**

出所：高見 2018*24 p.79（一部を改変）

頻度が高く、長時間労働が蔓延している企業では、女性が基幹的職務に割り当てられていない傾向が見て取れます。職場内に残業見直しの雰囲気があるかどうかは、このようなかたちでも女性の昇進意欲に影響し得るのです。

女性は部下の「キャリア意識」を育てる？

長時間労働のほかにも直すべきところはあるんじゃないですか？　たとえば、同性の上司をつけたほうがいいとか。気持ちもわかってくれそうですし……

たしかに、上司が同性であるほうが、部下の心情や悩みを推し量り、配慮しやすいといったことはあるかもしれません。

また、「女性上司×女性部下」の組み合わせのほうが、ちょっとした会話やランチにも誘いやすいという側面もあるかもしれません。コミュニケーションが活性化すれば、何かトラブルが起きたときにも、その芽を早い段階で摘み取りやすくなりますし、上司から学習する機会も増えるでしょう。

女性上司の下でそうした経験をたくさん積んだ女性は、「女性上司の部下でよかった」という思いを持っているようです。そのため、「**女性には女性上司をつけたほうがいい**」と考える人は決して少なくありません。

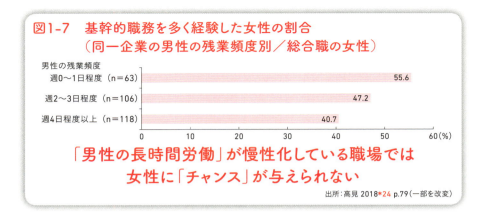

これと関連するのが、すでに何度か触れてきた「ロールモデル論」です。マネジャーとして活躍する女性上司の姿を間近で見ることで、「私も彼女のようになろう！」という気持ち（昇進意欲）が女性部下のなかにも生まれるのではないか、というわけです。

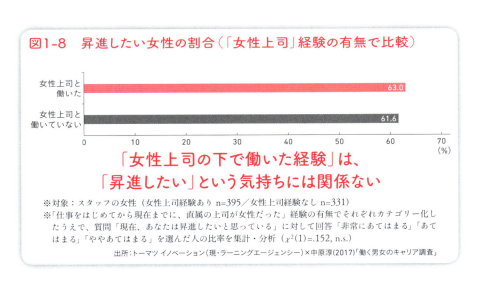

しかし、データを見る限り、女性の昇進意欲は、これまでの上司の性別とは関係がないようです。昇進意欲がある女性の比率を、「これまで女性上司の下で働いた経験があるかどうか」で比較しました（図1-8）。

図1-8　昇進したい女性の割合（「女性上司」経験の有無で比較）

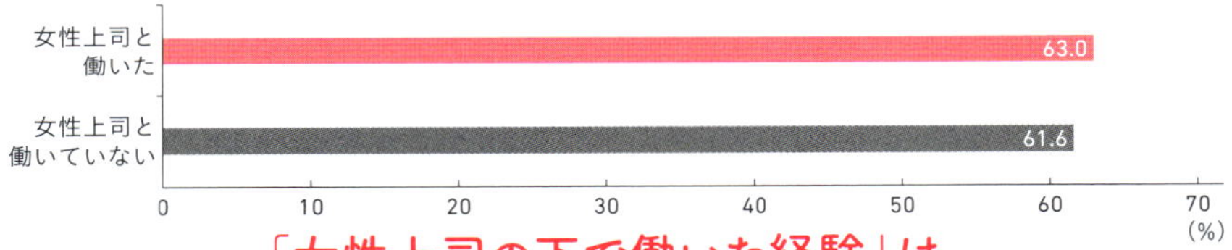

「女性上司の下で働いた経験」は、「昇進したい」という気持ちには関係ない

※対象：スタッフの女性（女性上司経験あり n=395／女性上司経験なし n=331）
※「仕事をはじめてから現在までに、直属の上司が女性だった」経験の有無でそれぞれカテゴリー化したうえで、質問「現在、あなたは昇進したいと思っている」に対して回答「非常にあてはまる」「あてはまる」「ややあてはまる」を選んだ人の比率を集計・分析（$\chi^2(1)=.152$, n.s.）

出所：トーマツ イノベーション（現・ラーニングエージェンシー）×中原淳（2017）「働く男女のキャリア調査」

女性の昇進意欲は、女性上司の下についたことがあるかどうかによって、ほとんど影響を受けていません。女性上司と働いた経験がある女性のほうが、わずかに「昇進したい」という気持ちが高く出ていますが（63.0％）、この差は統計的には有意とは言えないわずかな差です。

ということは、「この職場で次のステージに進んでいきたい」と感じる女性を増やすうえでは、**「女性上司×女性部下」という人事には、さほどの効果を期待できない**ということになります。

じつはこれ以外にも、今後の職業生活に対する見通しや目標・計画を持っているかどうかにも、「女性上司の経験」が影響を与えているのではないかという仮説を立てて、データの解析を行ったのですが、いずれも統計的に有意と言える差は見い出せませんでした。女性は、同性の上司の下で働いたからといって、キャリアに対する意識が高まるというわけでもないようです。

そうですよ。女同士だと、
かえってめんどくさいこともありますし……

なるほど……。データ上では「めんどくさいこと」があるのかどうかまでは確認できませんでしたが、「女性上司×女性部下」の是非については、肯定的意見と同じくらい、懐疑的な意見もあるようです。

とくに多いのが「感情面」に関わる声です。女性上司については、「気持ちや気分の波がある」「同じ報告をしても、タイミングによって反応が違う」「いったん感情がこじれてしまうと、なかなか関係を修復できない」「女性ならではの『手の内』が見透かされてしまう」などなど、生々しい話を耳にしたことがある人もいるかもしれません。

次に見ていただきたいのが、「女性上司と働くことに『やりにくさ』を感じた」と回答した人を男女で比較した次のデータです（図1-9）。シンプルであるがゆえに、なかなか衝撃的ですので、心してご覧ください……。

図1-9　女性上司と働くことに「やりにくさ」を感じましたか（男女比較）

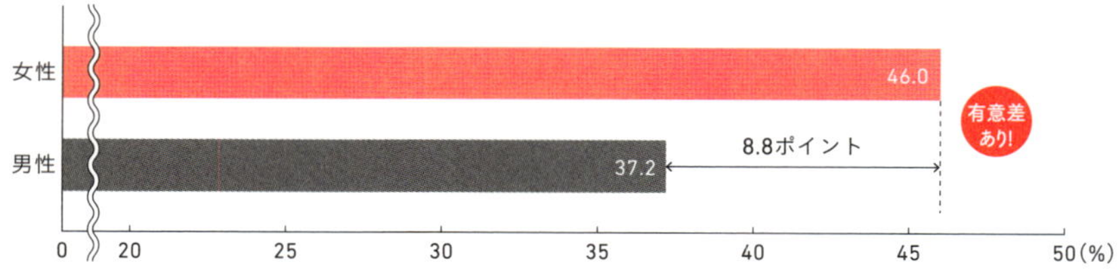

女性のほうが女性上司に対して「やりにくいな……」と感じている

※対象：スタッフの男女（女性 n=439／男性 n=331）
※「仕事をはじめてから現在までに、直属の上司が女性だった」経験がある人のうち、質問「その上司と働くことにやりにくさを感じていましたか」の質問に対して回答「あてはまる」「ややあてはまる」を選んだ人の比率を集計・分析（$\chi^2(1)=6.064, p<.05$）

出所：トーマツ イノベーション（現・ラーニングエージェンシー）×中原淳(2017)「働く男女のキャリア調査」

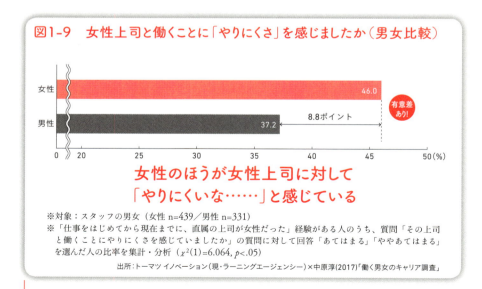

46.0％の女性が女性上司に「やりにくさ」を感じており、男性（37.2％）と比べると8.8ポイントの開きがあります。半数以上の女性が、女性上司に不満があるわけではないという事実は忘れてはいけませんが、やはり「同性だからこその課題感」はあると言えそうです。

若手女性を「威嚇」してしまう女性上司

「女性社員は女性上司の下につけるのがいい」という俗説にあてはまらない事例を、もう一つご紹介したいと思います。

> 「スーパーウーマン」の姿に「私には無理」
> 「入社した時は、仕事で活躍するには管理職になるのが絶対と思っていたんです」
> 住宅設備機器会社に勤める女性（24）は1年前をそう振り返った。ところが働くうちに、次第に昇進に魅力を感じなくなったという。
> 大きかったのは身近な女性管理職の存在だ。「幼い子を持つ管理職ママを見ていると、本当に大変そう。映画やドラマでキャリアウーマンが輝いて見え、バリバリと働く女性にあこがれていたけれど自分には無理かな、と。管理職で社内政治に巻き込まれるのも面倒くさいし」
> 同じく、管理職への意欲を1年で失ったという人材紹介業の女性（23）は「社内で若くして管理職となった女性は圧倒的に未婚、という現実に気づいた」と理由を打ち明けた。
> つまり、本来ロールモデルとなるべき女性管理職の姿を見て、ちゅうちょしたりあきらめたりしていたのだ。
> （「毎日新聞」2017年7月17日）

いかがでしょうか？　これと似た話は、僕自身も耳にしたことがあります。

9割以上が女性社員の職場で働いていたSさんという女性は、20代のころには「結婚して子育てもしながら、バリバリと仕事をこなす女性」に憧れ、そうした先輩をロールモデルとして追いかけていた時期があったそうです。

しかし、いざ自ら出産を経験してみると、Sさんの認識はガラッと変わりました。憧れだった先輩女性が、じつはたくさんのことをあきらめながら、同時に、隙を見せないように無理をしているという現実に気づかされたからです。

ワーキングマザーに対する十分なフォローもないなかで、それでも周囲から後ろ指をさされないために、マネジャーとしての役割を全うしようと奮闘する——そのような先輩女性を見て、彼女は率直に**「あんなふうにはなれないし、なりたくもないな……」と感じた**と言います。

つまり、あまりにも活躍しすぎている女性上司の存在は、かえってスタッフ期の女性たちを萎縮させ、「私は彼女のようにはなれない／なりたくない」という気持ちを高める要因（**負のロールモデル**）にもなり得ます。

一般に、ロールモデルは「ポジティブな側面」から語られることがほとんどです。すなわち、「ロールモデルを提示すれば、『私もあんなふうになりたい！』という気持ちを高められるはずだ」というわけです。

しかし、学習には「正も負も」あり得ます。あまりにもレベルの高いロールモデルの存在は、「私はあんなふうにはなれない！」という気持ちを人々に抱かせ、むしろロールモデルから遠ざかることを選択させることもあり得ます。

職場で勇敢に闘う女性上司の姿を目の当たりにした女性部下のなかに、「私もいつかリーダー／マネジャーになったら、彼女のような苦労をしなければならないのだろうか？　それはちょっとイヤだな……」と、尻込みする気持ちが生まれる可能性は十分に考えられます。ロールモデルにはそうした「**負の学習**」の側面があることも忘れてはなりません。

以上、「女性社員は女性上司の下につけるのがいい」という俗説がかなりあやしいということを見てきました。そこには同性ならではの問題が起こり得るようです。

もちろん、だからといって僕は「上司・部下の組み合わせは『異性』のほうがいい」などと結論づけるつもりもありません。先ほど見たように、上司の性別は、部下のキャリア意識には、統計的有意な差を生み出さないわけですから、マネジメントを行うときは、性別を超えて真摯に部下と向き合うことが重要でしょう。

TOPIC 08

女性スタッフは「自信がない」のか？

「インポスター症候群」と「背伸びの経験」

先生はとにかく職場の要因で説明したがりますけど……私が昇進したくないのは、私個人の問題です。要するに、自分に自信がないんですよ

スタッフ期の女性が昇進したがらない理由を考えるときに、よく指摘されるのが「自信がないから」という論点です。「自分なんかがリーダーやマネジャーとしてやっていけるはずがない。スタッフとして現場の仕事をコツコツとやるだけで十分」――そう考えている女性は案外多いのかもしれません。スタッフ期の女性には、本当に「自信がない」のか、ないのだとすれば、それをどう育てるのか、といったポイントを最後に考えてみましょう。

女性は自分の能力を「低く」見積もる

「女性に自信がない」というのは、そもそも偏見なのでは？

自分の能力や成果に関して、女性のほうが男性よりもネガティブな見積もりをすることは、これまでの研究でもよく知られています。

今回のリサーチでも、「自分の業務能力や成果に対して自信を持っていましたか？」という質問項目を用意しました（図1-10）。

図1-10　能力・成果に「自信がなかった」人の割合（男女比較）

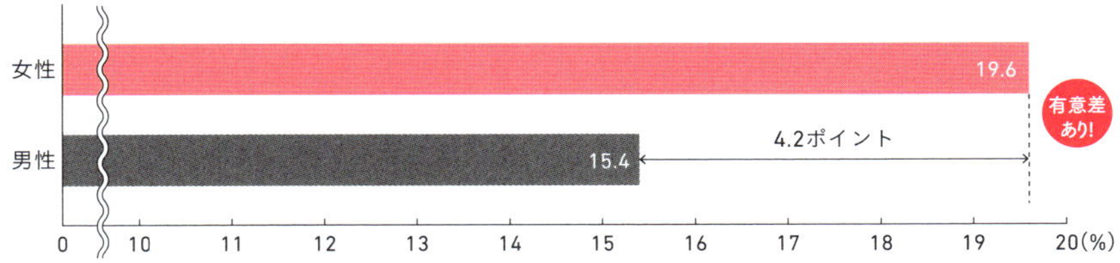

女性のほうが仕事に「自信がない」

※対象：リーダー・マネジャーの男女（女性 n=664／男性 n=2215）
※質問「実務担当者時代、あなたは、自分の業務能力や成果に自信をもっていた」に対して、回答「あてはまらない」「あまりあてはまらない」を選んだ人の比率を集計・分析（$\chi^2(1)=9.59, p<.001$）

出所：トーマツ イノベーション（現・ラーニングエージェンシー）×中原淳(2017)「働く男女のキャリア調査」

このとおり、「自信がなかった」と答えた男性は15.4%だったのに対し女性は19.6%と、4.2ポイントの統計的な有意差（$p<.001$）が見られます。やはりデータは「**女性のほうが仕事に自信を持てずにいる**」と語っており、先行研究を追認する結果が出ました。

こうした現象の背景にあると考えられるのが、いわゆる**インポスター症候群**（Imposter Syndrome：インポスターは「詐欺師」の意）です。ややセンセーショナルな響きのある言葉ですが、これは要するに、**自分の成果や能力・スキルを実際よりも低く見積もる傾向**のことで、もともとは学生研究から出てきた概念です（Clance and Imes 1978; Want and Kleitman 2006[*25]）。女性にインポスター症候群がよく見られることは、これまでの学術研究でもずっと指摘されてきました。

たとえば、**EI**（**感情知能**：Emotional Intelligence）の自己評価と客観評価を男女別で比較した興味深い研究をご紹介しましょう（Petrides and Furnham 2000[*26]）。EIとは、自分や他人の感情を認識したり、自分自身の感情をコントロールしたりする能力のことを指します。感情をうまくコントロールする能力ですから、当然、マネジャーやリーダーには必要な能力です。

興味深いのは、このEIの男女差です。EIを客観的な指標にもとづいて測定した場合、男女差はほとんど出ません。ソーシャルスキルなど一部の項目で、やや女性に高い数値が見られる程度です。しかし**自己評価となると、**

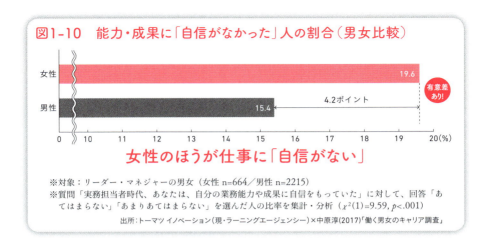

女性のEIはかなり低くなります。男性においては、客観評価と自己評価とのあいだに高い相関性が見られる一方、女性ではそこにギャップが出てくるというわけです。

こうしたある種の自信のなさが、日本の女性活躍にとってハードルになっている可能性は大いにあります。ただしここで重要なのは、インポスター症候群は、実際の成果・能力ではなく、あくまでも認知やセルフイメージに関わるものであるという点です。

考えてもみてください。成果はともかくとして、**能力というのは、非常に曖昧なもの**です。それは何か具体的な成果や行動があったときに「想定」されるものでしかなく、それ自体を目で見たり、手で触れたりすることはできません。ですから、女性に自信がないことは、女性の実際の能力の高低とは無関係です。問題は、**「自分には能力がない」という自己認知を女性たちが持っているということ**であり、さらに残念なことに、そうしたセルフイメージこそが「現実」をつくりだしているのです。

能力に対する認知は、管理職への昇進意欲にも影響を与えるとも言われます。次のデータは、女性が自分の能力にどれくらい自信を持っているか

図1-11　管理職への昇進意欲
（自分の能力に対する自信の有無別／総合職の女性）

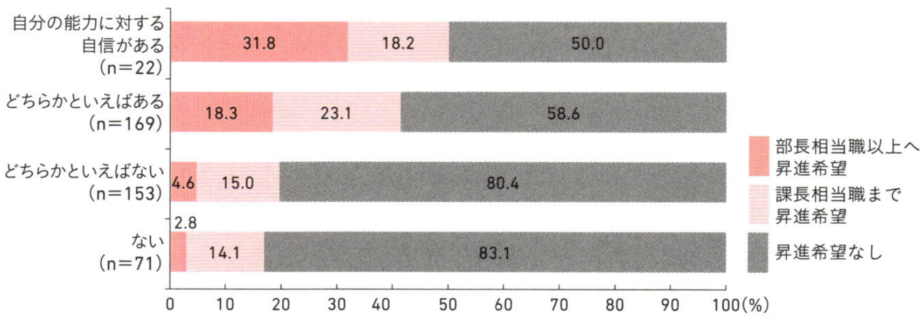

自分の能力に自信がある女性ほど
「出世したい」という気持ちがある

出所：高見 2018*27 p.75（一部を改変）

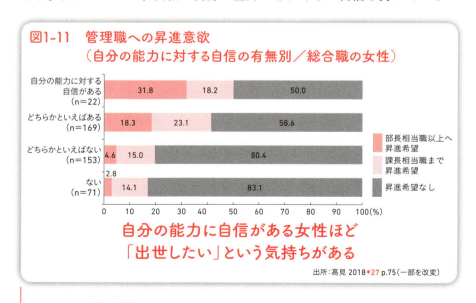

に応じて、管理職への昇進意欲を分析した結果です（図1-11）。

回答した総合職の女性415名のうち、「自分の能力に自信がある」と回答をした人は46%（191名）、反対に「自信がない」と回答したのは54%（224名）です。カテゴリーごとに昇進に対する意欲を見ていくと、やはり自分の能力を高く見積もっている女性ほど、高い昇進意欲を持っていることがわかります。半面、「自分の能力は低い」という認知を持っている女性は、出世に対する意識が低くなっています。

「自信アップ」には「絶妙なストレッチ」が不可欠

たしかに女性には「自分の能力を低く見積もる傾向」があるかもしれません。私自身も目の前の仕事をこなしてきただけなので、外の世界で自分がどれくらい通用するのかわかりません。自分の力を把握するチャンスがないので、そもそも自分を高く評価することはできないですね

重要なご指摘です。女性の自信の低さの原因は、自分の能力や成果の客観的な評価を「知るための機会」が不足していることにあるのではないか、というわけですね。すなわち、「挑戦機会」を与えられ、「舞台」にのぼり、自分の能力を顕在化させる課題に取り組まなければ、本当に自分が持っている能力やスキルは「見える化」しないのです。

それでは、女性たちがインポスター症候群を克服し、自信を醸成していくためには、どんなことが必要なのでしょうか？　それを考えるためのヒントは、まさにこの「挑戦機会」や「舞台」という概念にあります。

たとえば、「日本の働く女性はいまでも十分輝いているし、もっと輝けるポテンシャルがある。だからもっと自信を持つべきだ！」と励ますことが、女性活躍推進であるかのように語られることがあります。

しかし、**自信がない人に向かって、「もっと自信を持て」と繰り返しても、まず解決にはつながりません**。一時的に元気が出てくることはあるでしょうが、女性が自信を持てない原因は他にあるわけですから、単なる「励まし」の効果は持続性に欠けます。そうではなく、女性がごく自然に健全な自信を持ち続けられる「職場環境」をつくることのほうがはるかに大切なのです。

そうです。職場は、みなさんがふだん働いている「半径5メートルの空間」です。そして人間は、その職場から大きな影響を受けて仕事をしているのです。

まず第一に、一般に、人が自信（**自己効力感**）をつけるためには、「できなかったこと」が「できること」に変わる体験、すなわち「**成長**」や「**学び**」を実感することが必要です。要するに、職場における「仕事経験」を通じてしか、自信を高めることはできません。

すでにできる仕事をやっているとき、人の心理はある種の快適な状態（**コンフォートゾーン**）にあります。しかし、コンフォートゾーンに位置する仕事だけをやっていては、人は成長できません。

そこで必要なのが、少しだけ**背伸び**（**ストレッチ**）が必要な仕事です。このとき、本人の心理は一定の負荷を受けた状態になりますが（**ストレッチゾーン**）、これを達成することで着実に成長していくことができます。逆に、仕事のレベルが本人の能力をあまりにも大きく超えていると、本人は混乱状態に陥り（**パニックゾーン**）、結果的には学びの実感を得られないことになります（Brown 2008[*28]）。

ここで職場の上司の役目は、**一定の背伸びをすれば部下が達成できるような「ちょうどいい仕事」を手渡すこと**です。つまり、どの仕事を任せれば、部下をストレッチゾーンに置くことができるかを見極めることが必要です。このようなレベルの仕事のことを、専門用語では**発達的チャレンジ**

図1-12　「成長」のために必要なこと

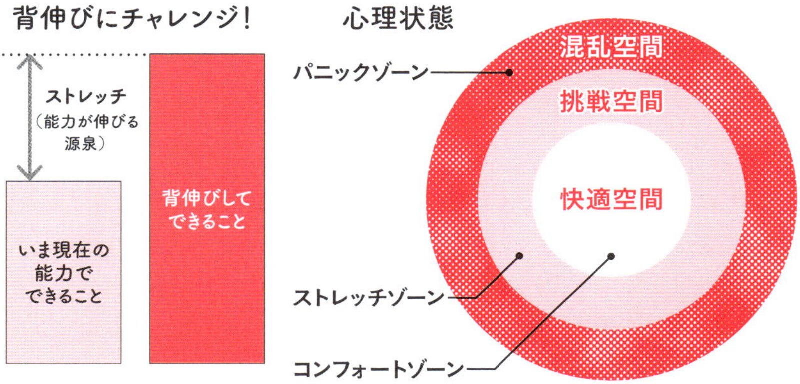

「背伸び（ストレッチ）の経験」がないと、
人は成長できないし、自信も持てない

(Developmental Challenge) といいます。

言葉にするとシンプルですが、かなり意識して行わないと、これを実践することは難しいでしょう。ある仕事が発達的チャレンジとして適当かどうかを判断するためには、日頃の丁寧な「観察」によって、部下の能力を正確に把握していなければならないからです。「本人にどんな能力・スキルがあるのか？」「何が強みで、何が弱みなのか？」「どんな仕事をしたがっているのか？」「どんな仕事・どんな伝え方がモティベーションにつながるか？」——これらのことは一朝一夕の観察ではなかなかつかめません。

優秀な野球コーチは、選手の能力をふだんの観察によって正確に把握していて、ノック練習の際には、彼／彼女のグローブが届くか届かないか、ギリギリのところを狙ってボールを打つことができるそうです。**プレイヤーたちに最良の「背伸び（ストレッチ）」を与えて、プレイヤーたちの成長を引き出す**のが、練習におけるコーチの仕事なのです。

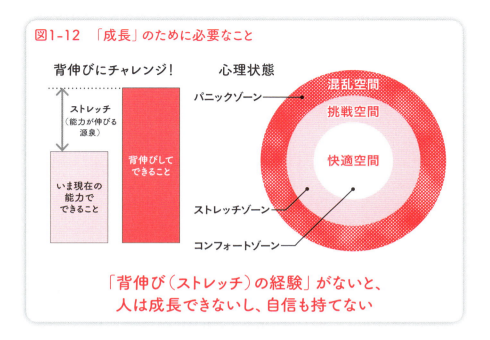

経験を「学び」に変えるリフレクション(振り返り)

一方で、部下のストレッチの「経験」を、より効果的な「学び」に変えるためには、その仕事を“やりっぱなし”にさせてはいけません。部下のチャレンジがうまくいったにしても失敗したにしても、「経験したことを振り返る機会」を設けるのです。この機会のことを専門用語では「**リフレクション(振り返り**:Reflection)」といいます。リフレクションとは「過去の出来事を振り返って、意味づけ、未来を構想すること」です。

振り返りでは「その仕事を通じて、自分はどんなノウハウを得たのか?」「今度はどんなやり方をするべきか?」ということを振り返ることで、今後同じような課題に直面したときにも役立つノウハウをつくります(**抽象的概念化**)。さらにそのノウハウを使って、前回よりもスピーディかつスムーズに仕事をこなす(**能動的実験**)と、部下は自分の成長を実感し、自信を高めていけます。

図1-13　デイビッド・コルブの「経験学習サイクル」

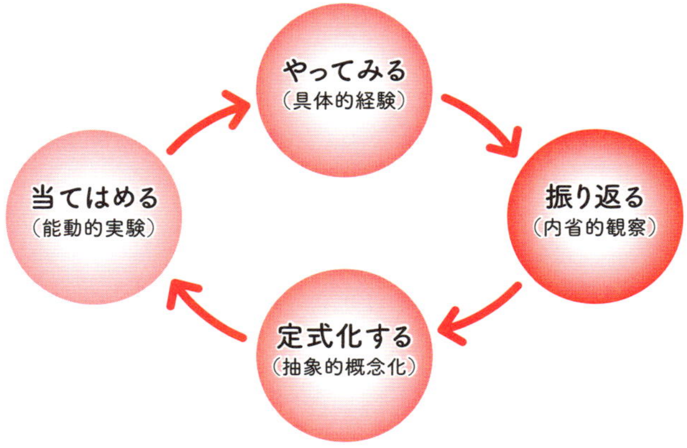

「やってみる」→「振り返る」のサイクルを
コーディネートするのが上司の役目

経験を学びに変えていくこのような手順は、人材開発研究の世界では、デイビッド・コルブが提唱した**経験学習サイクル**として知られています（Kolb 1984[*29]）。

成長につながる「振り返り」には「So What?」がある

振り返りのための具体的な方法についてもお話ししましょう。

たとえば、先週、ある女性部下が、ある重要なお客様からの取引を失注してしまったとします。原因は、最近登場した競合他社のサービスに対して、自社のサービスの優位性を説明できなかったことにあります。

女性部下本人は、いつもどおり論理的に商談を進めたつもりでしたが、どうやらお客様にはうまく伝わらなかったようで、「自分の能力が足りないせいだ……」と自信を失ってしまいました。同じミスを繰り返させないためにも、こういう場面ではしっかりとした振り返りを促したいものです。

振り返りは、次の3つの問いに対して考えを巡らすことで深まっていきます。それぞれのステップにあてはめながら、この事例を振り返ってみましょう。

①What?：何が起こったのかを思い出す

女性部下本人は、ロジカルにプレゼンしたつもりですが、相手にはしっかりと伝わっていませんでした。この日、取引先の担当者と課長のほかに、これまで同席していなかった部長から質問がたくさん出て、それにうまく回答することができませんでした。つまり、彼女の「能力が足りないせい」というよりは、今回の仕事状況が初めての体験だったのです。

②So What?：何がよくて何が悪かったのかなど、起きたことの意味を考える

今回のプレゼンは、彼女が得意としていたプレゼン相手とは顧客層が異なりました。部長クラスを相手にするときには、もう少し大局的な立場から、客観的なデータなども交えて説明することが必要だったのです。先週

図1-14　「成長」するために必要なこと

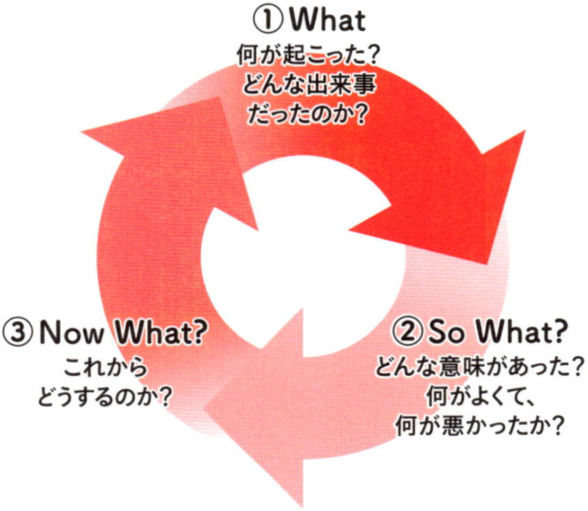

末の段階で、今回の商談に取引先の部長が同席することはわかっていたものの、手元の業務が立て込んでいて、プレゼン資料をつくり直す時間がありませんでした。

③Now What?：これからどうするのかを考える

今回の失注の根本的原因は、業務が立て込んでいたせいで、プレゼンの聞き手に合わせてプレゼン資料をつくり直せなかったことです。今後は、お客様側のプレゼン同席者をなるべく早い段階で確認するようにし、プレゼン資料作成は十分な余裕を持って進めることに決めました。

ともすれば「失注＝能力不足」と意味づけてしまいがちな事態であっても、**「What?」「So What?」「Now What?」の３つのプロセスで「深掘り」すれば、根本的な原因にたどりつき、今後のあり方を考えることができます**。

ここで最も重要なのは、「So What?」の部分です。すでに起きてしまった「What?」の現象について、いきなり「Now What?」を考えるのではなく、何がよくて、何が悪かったのかに関する「意味づけ」（＝So What?）を基盤としながら、今後の対策を考えていくようにしましょう。

以上が、働く人が「成長」していくためのエッセンスです。

みなさんは女性部下・女性社員に対して、背伸び（ストレッチ）の経験を十分に提供できていますか？　すでに彼女たちの能力で簡単にこなせる仕事ばかりを与えていませんか？

また、仕事を任せっぱなしにして、振り返り（リフレクション）を促すことを忘れてはいませんか？

女性たちの自信が相対的に低いことの一因は、上司がこうした「学びのサイクル」を回すためのサポートを十分にできていないことにあるのかもしれません。

REFLECTION

　このチャプターで学んだことを踏まえて、もう一度、冒頭のクイズに関して振り返りをしてみましょう。決してこれは「答え合わせ」ではありません。ここの内容を踏まえつつ、職場のメンバーとの「対話」に役立ててください。まずは念のために問題をおさらいしておきます。

QUESTION 01

部長さん

今回、女性活躍推進の一環で女性管理職を増やすことになりました。女性社員のみなさんには、さらに活躍するためのフィールドが用意されたわけです。いままで以上に働き、成果を出して、ぜひこのチャンスを活かしてください！

？

**部長さんの伝え方には改善の余地があります。
みなさんなら、どんな工夫をしますか？**

　女性の「この職場で働き続けたい」という気持ちは、どんな要因に左右されていたか、覚えていますか？　もしも全社的に「女性活躍推進」に取り組むことになったとしても、その事実をそのまま伝えてはかえって逆効果かもしれません。次の３つのポイントを踏まえながら、伝え方を工夫してみましょう。

NG「女性活躍推進の一環で、女性管理職を増やすことになりました」

POINT 昇進だけで女性のモティベーションは高まりません！

▶一般に女性は、決められた仕事に責任を持ち、それをやり抜くことを重視する傾向が強く見られます（74ページ）。また、仕事をするうえでも、男性が昇進や昇給のような「見返り」を重視する一方で、女性は「やりがい」を大切にします。一方的に、女性の管理職ポジションが増えたことを伝えても、「この職場でキャリアアップしていこう」という気持ちには直結しない可能性があります。

NG 「活躍するためのフィールドが用意されたわけです」

POINT 暗黙のうちに「男性優遇」を認めていませんか？

▶女性がリーダーシップを発揮することを受け入れるムードが社内にあるかも女性の就業継続意欲を左右します（76ページ）。機会の平等は大切ですが、会社側・男性側が"上から目線"で「活躍のフィールドを用意してあげた」と感じさせるような表現・スタンスは避けるべきでしょう。

NG 「いままで以上に働き、成果を出して」

POINT 個人の努力や長時間労働に頼る発想が、入り込んでいませんか？

▶女性活躍にまず必要なのは、「事態を変えるためには女性本人のがんばりがまず必要だ」という考え方を捨てることです。また、女性の就業継続意欲は「残業を見直す雰囲気があるかどうか」にも大きな影響を受けていました（74ページ）。「長時間労働＝活躍」というような伝え方は見直す必要があります。「誰もが働きやすい職場」をつくるため、女性だけでなく、人事担当者や管理職、経営者も率先して取り組んでいく姿勢を持ちましょう。

COLUMN

女性スタッフは「こんな上司」を嫌がる

「女性には女性上司」のような「お手軽な正解」はなさそうだとしても、やはり人の成長にとって、上司の存在は無視できません。だとすれば、女性部下を持つ上司は、いったいどんなことに気をつければいいのでしょうか？

女性が上司に何を求めているのかを探るためにも、その裏側として「どんな上司がイヤだと感じているのか？」を見てみましょう（図1-15）。

図1-15　女性に聞いた「こんな上司とは一緒に働きたくない」

順位	項目	割合（%）
1位	「自分こそが正しい」と受け入れてくれない	43.4
2位	徹夜も残業もあたりまえだと思っている	23.9
3位	過去の栄光にすがっている	9.6
4位	大きすぎる目標や理想ばかり追い求めている	4.6
5位	見返りがないと仕事をしない	3.9

自論、残業、武勇伝……
「押し付け上司」が最も嫌われる

※対象：スタッフの女性（n=928）
※回答「もっともあてはまる」を選んだ人の比率

出所：トーマツ イノベーション（現・ラーニングエージェンシー）×中原淳(2017)「働く男女のキャリア調査」

まず、女性は「『自分こそが正しい』と受け入れてくれない」上司（43.4%）を最も忌避する傾向があります。「受け入れてくれない」の“目的語”にはおそらく「部下の意見・提案」といったものが入るのでしょう。これは部下の声をただ却下するというよりは、その背景や意図といったものを理解しようとしないことが問題視されているのではないでしょうか。自分の思い込みに基づいて「これはどうせ○○に決まっている！」と断じてしまうような言動は、女性部下から圧倒的に嫌われます。

裏を返せば、部下の言いたいことにしっかり耳を傾けられるかどうか（いわゆる「傾聴」）こそが、女性からの評価を大きく左右するということでしょう。「この上司はちゃんと話を聞いてくれる人なのだろうか？」――女性たちはそこを見ています。

女性のモティベーションが「残業見直しの雰囲気」の有無に影響を受ける以上（74ページ）、第２位に「徹夜も残業もあたりまえだと思っている」上司（23.9％）が来ているのは頷けます。

また、「徹夜・残業」が好きな上司が嫌われるのは、第３位に「過去の栄光にすがっている」上司（9.6％）がランクインしているのと無関係ではないでしょう。

たとえば「自分が若いころは毎晩のようにみんなで深夜残業をして、徹夜することもザラだった。でもそのおかげで、○○のプロジェクトを大成功させられた。あのときガムシャラでやらなかったら、いまの自分はないだろうな……」などという語りを聞かされたことがある人も多いのではないでしょうか。あるいは、その種の“武勇伝”を語ってしまっている自覚があるマネジャーもいるかもしれません。

女性部下たちは口では「へえ、すごいですね～」と言いつつも、心では辟易しているかもしれません。「残業＋武勇伝」の組み合わせは要注意です。残業はいつの時代も「武勇伝化」してしまうのです。

以上を踏まえると、女性たちに「もっとこの上司の下で活躍したい！」と感じてもらうためには、①メンバーの意見に耳を傾ける、②長時間労働に頼らない職場を自らつくろうとする、③そのための新たな創意工夫を受け入れる、といったアクションが求められると言えます。

CHAPTER 2

女性が「自信」を得る瞬間

リーダー期

QUESTION 02

お願いした仕事を、
いつも確実にこなしてくれてありがとう。

真田さん、来月からリーダーよろしくね。
わが社では珍しい女性リーダーですが、
これまでどおりがんばれば大丈夫ですよ。

3〜4カ月後に面談をするので、ひとまず
自分なりに工夫してやってみてください。

**リーダーに任命された
真田さんは、このあと
リーダーとして大変
苦労することになりました。**

**部長さんには、
何が足りなかったの
でしょうか？**

TOPIC 09

女性リーダーは「最初」が肝心？

「トランジション」と「リアリティショック」

私にはリーダーなんて無理。いいことなんて何もない！

さて、いよいよ２つ目のトランジション・ステージであるリーダー期に入っていきます。しかし、わざわざ女性の「リーダー期」を取り上げる意味はあるのでしょうか？　リーダーだろうとマネジャーだろうと、「管理職」としてひと括りにしてしまえばいいのでは？　そんな疑問にお答えする意味でも、僕たちのリサーチの意図をお伝えしながら、なぜ働く女性の活躍にとってリーダーというステージが大切なのかをご説明していきたいと思います。

リーダー期の成功体験が「その後」を左右する

わざわざリーダーとマネジャーを
分ける意味はあるのでしょうか？

67ページで触れたとおり、本書では**リーダー**を「部下を１名以上持つが、評価権限は有していない人」、**マネジャー**を「評価権限を有する部下を１名以上持つ人」と定義しています。つまり、リーダーとマネジャーには「一緒に働く部下に対する**評価権限**があるか、ないか」の違いしかありません。

実際、海外の先行研究などを見ると、「マネジャー」に焦点をあてて、女性活躍推進を語っているものは多く見かけますが、「リーダー」をあえて切り出しているものはかなり少ないのが実情です。この理由は、「評価権限を持たないまま、部下をマネジメントする」という発想が欧米にはほとんどないからです。

一方、日本企業では（企業ごとの事情の違いはあるものの）かなり上位のポジションになるまで評価権限が付与されない、というケースは珍しくありません。そうした日本特有の過程を本書では「リーダー」と位置づけています。

評価権限のある上位役職（マネジャー）になる前の段階で、多くの人は部下を率いて仕事をする経験を積んでおり、そのなかで否応なしにさまざまな学びを得ることになります。そのため、**日本企業の実態に寄り添ったかたちで女性のトランジションを捉えるためには、この「リーダー」のステージを無視するわけにはいかないのです。**これが、僕たちがあえて「リーダー」と「マネジャー」を区別してリサーチを行った第一の理由です。

しかし、狙いはこれだけではありません。

僕たちは事前に、「**女性がマネジャーとして、より大きな責任の下で活躍するには、はじめて役職に就いたときの経験（≒リーダー期の経験）がカギを握っているのではないか**」という仮説を立てました。つまり、リーダー期に役割移行に成功し、安定的な成果を出せれば、マネジャー期にもパフォーマンスを高められるのではないかというわけです。

人材開発の領域では「鉄は熱いうちに打て」というのが、多くの実務家の「実践知」として知られています。何事も「はじめて経験するときこそが肝心であり、そこでのストレッチがその後を決める」というのが、このことわざの含意です。

結論から申し上げれば、この仮説は大方正しかったことになります。

次ページのデータは、女性のリーダー期のパフォーマンス（左側）が、マネジャー期のパフォーマンス（右側）にどのような影響を与えているかを分析した結果です（図2-1）。

このとおり、両者のあいだには深い関連が見て取れます。リーダー期に成果を出せている女性ほど、マネジャー期にも目標達成を実現していたり、離職者やメンタルヘルス不調者の数を抑えていたり、部下の業務能力を向上させたりしているのです。より踏み込んで言えば、**リーダー初期の成功が、マネジャー期の成果を規定する**ということでしょう。

繰り返しますが、人材開発の鉄則は「鉄は熱いうちに打て」です。リー

図2-1　「リーダー期の成果」は「マネジャー期の成果」にどう影響するか？

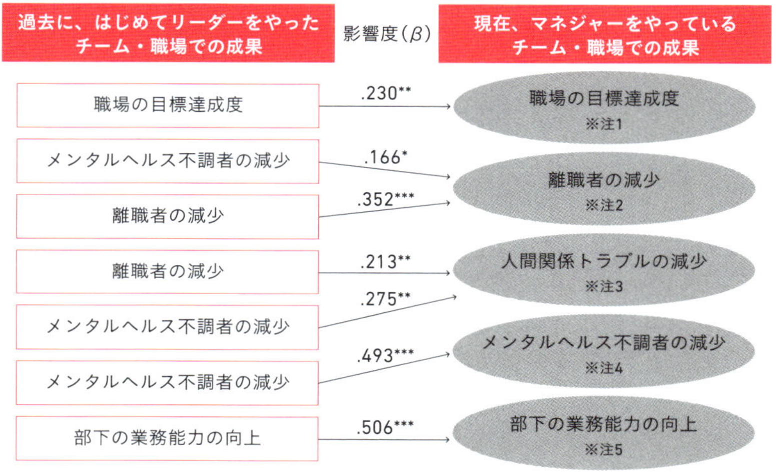

女性は「はじめてリーダーになったとき」の成功が「マネジャー期の活躍」のカギになる

※対象：マネジャーの女性（n=207）

※「年齢、転職回数、会社規模、会社業績、現在の職場構成人数」をダミー化して統制変数に投入し、「あなたがリーダーとなってはじめてマネジメントを行っていたチーム・職場の目標達成度」「あなたがマネジメントを行うようになってから、チーム・職場の離職者数が減少した」「あなたがマネジメントを行うようになってから、チーム・職場における人間関係のトラブル発生頻度が減少した」「あなたがマネジメントを行うようになってから、チーム・職場でメンタルヘルスの不調を訴える部下の数が減少した」「あなたがマネジメントを行うようになってから、部下の業務能力があがった」を独立変数とした。

※***は0.1％有意水準、**は1％有意水準、*は5％有意水準を表す。

※(注1)「現在マネジメントを行っている職場の目標達成度」を従属変数とした重回帰分析を行った(Adjusted R^2=.046)／(注2)「あなたが現在の職場でマネジメントを行うようになってから、職場の離職者数が減少した」を従属変数とした重回帰分析を行った（Adjusted R^2=.221）／（注3)「あなたが現在の職場でマネジメントを行うようになってから、職場における人間関係のトラブル発生頻度が減少した」を従属変数とした重回帰分析を行った（Adjusted R^2=.210）／（注4)「あなたが現在の職場でマネジメントを行うようになってから、職場でメンタルヘルスの不調を訴える部下の数が減少した」を従属変数とした重回帰分析を行った（Adjusted R^2=.262）／（注5)「あなたが現在の職場でマネジメントを行うようになってから、部下の業務能力があがった」を従属変数とした重回帰分析を行った（Adjusted R^2=.271）。

出所：トーマツ イノベーション（現・ラーニングエージェンシー）×中原淳（2017）「働く男女のキャリア調査」

ダー初期に適切な支援を行い、手応えのある成功体験を積んでもらうことが、その後のさらなる活躍への近道になります。

リーダーへの移行で起きる「リアリティショック」とは？

とは言いますけどね……先生、
リーダーになるのは大変なんですよ！
部下がいるとどれだけ
気苦労が増えることか……

たしかに、おっしゃるとおりです。リーダー期はその後の躍進を左右する非常に重要なステージなのですが、そこには大きな背伸び（ストレッチ）が隠されています。スタッフとして実務を担当することと、リーダーとしての仕事をすることとのあいだには、大きな「段差」があるのです。

そのギャップを論じる前に、まず「リーダーになる」とは一般にどういうことなのか、そこにどんな課題があるのかを、確認しておきましょう。

まず、スタッフ、いわゆる「ソロプレイヤー」として活躍するステージは、端的に言えば「自分で動き、自分の成果を出す世界」です。

一方、リーダーになって部下を率いるようになると、この光景やそこで駆動するルールが、静かに、しかし、大きく変わります。ワンセンテンスで申し上げれば、リーダー期とは（自分が動くのではなく）**他人を動かし、チームの成果を出す世界**への入り口なのです。

世界で最もよく知られている**マネジメント**の定義が、「**他人を通じて物事を成し遂げる（Getting things done through others）**」です（Koontz and O'Donnell 1972[*30]）。リーダーには、他人を通じて仕事を成し遂げる能力・技能が要求されます。つまり、リーダー期とは「マネジメント世界」への扉をはじめて開くステージなのです。

図2-2　ソロプレイヤーからのトランジション（役割移行）

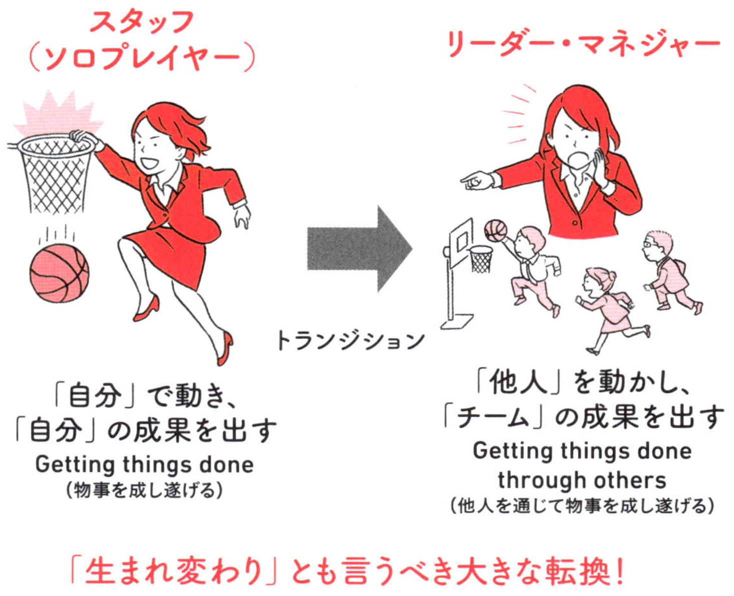

このようにスタッフとリーダー・マネジャーは「まったく別の仕事」であり、まったく不連続な世界だとも言えるため、ハーバードビジネススクールのリンダ・ヒル教授は、このあいだには「**生まれ変わり**」が必要だと述べているくらいです（Hill 2003; Hill and Lineback 2011[*31]）。

見方によっては、評価権限の有無という「リーダー→マネジャー」の段差よりも、「スタッフ→リーダー」の段差のほうがより激しい変化を伴うとも言えます。

両者はまったく違う仕事なので、当然、「やってみてはじめてわかること」がたくさん出てきます。

「えっ、リーダーってこんな仕事なの!?」と衝撃を受ける機会が必ずあるのです。このギャップの体験を人材開発の世界では**リアリティショック**と呼びます。

リアリティショックが強すぎると、著しいモティベーションの低下やリーダー業務の継続意欲の喪失が起こる可能性があります。そのため、とくに**はじめてリーダーになる人にとっては、リアリティショックをいかに回避・軽減するかが、優先的な課題**となります。

職場づくりの視点で言えば、リーダー就任時のリアリティショックを緩和する仕組みを用意することが、マネジャーや人事担当者がまずやるべき仕事なのです。

はじめてのリーダー経験で「つまずく」のはどっち?

女性のほうがリーダーになって
苦労しているイメージがあります

なるほど、**「女性のほうがリアリティショックを受けやすい」というのは、いかにもありそう**だと感じる人もいるかもしれません。こんなときこそデータの出番です。

リーダー就任直後に「実際の仕事内容にショックを受けた」と答えている人の割合を男女比較しました（図2-3）。

図2-3　リーダー就任直後のリアリティショック（男女比較）

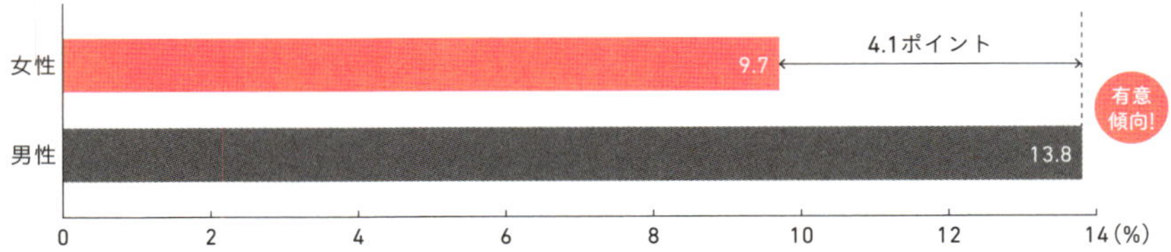

「駆け出し」のときに壁にぶつかるのはむしろ男性リーダー!?

※対象：リーダーの男女（女性 n=258／男性 n=556）
※質問「あなたはリーダーの役職の実際の仕事内容にショックを受けた」に対して回答「あてはまる」「ややあてはまる」を選んだ人の比率を集計・分析（$\chi^2(1)=2.781, p<.10$）

出所：トーマツ イノベーション（現・ラーニングエージェンシー）×中原淳(2017)「働く男女のキャリア調査」

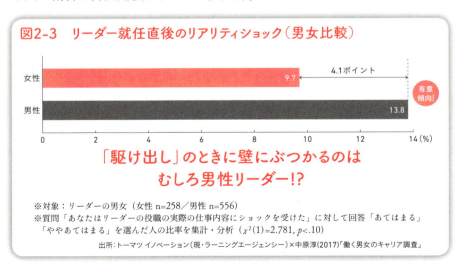

ご覧のとおり、どちらかと言えば**女性よりも男性のほうが「はじめてのリーダー体験」にショックを受けている（13.8%）**ことが見て取れます。

巷には、「女性はリーダーやマネジャーになるとうろたえる」とか「女性は出世すると途端に成果を出せなくなる。マネジメントには向いていない」といった思い込みが溢れています。しかし、データを見る限りでは、「はじめてリーダーになった女性はリアリティショックに苦しむ」というのは単なる偏見にすぎず、「女性のほうがリアリティショックを受けやすい」とは言えないことがわかりました。

とはいえ、リーダーになったときには誰しも、当初思い描いていたのとは大きく異なる「現実」に直面し、このステージ固有の挑戦課題にぶつかります。はじめてのリーダー経験がその後に与える大きな影響を考えると、課題を乗り越えるための「支援」はやはり重要です。

「ワクチン＆栄養剤」でトランジションを支援

リーダー期のトランジション支援としては、どんなアプローチが可能でしょうか？

人事部主導でのリーダー向け研修、直属上司による定例の1on1《ワンオンワン》ミーティング（成長支援のための面談）などが、まず思い浮かぶのではないかと思います。実際にリーダーになってみて、具体的な問題やトラブルに対処している人材にとっては、これらのフォローアップもうまく機能します。

一方、リーダー向けの支援というと、つい事後的な取り組みばかりを考えてしまいがちです。しかしよく考えてみれば、**じつは「リーダーになる前」に行ったほうがいいこともあります**。なぜなら、リアリティショックの本質は本人の事前認知と現実とのギャップにあるからです。

実際、人材開発研究の世界では、新たに組織に参入する人々（新入社員）が経験するリアリティショックをいかに軽減するかという観点から、このギャップを緩和するための手段としてリアリスティック・ジョブ・プレビ

図2-4　「生まれ変わり」を支援する2つのアプローチ

プレビュー

「リーダーになったらこんなことが起きる」ということを上司が事前に伝える（**昇進前の「ワクチン」**）

フォローアップ

上司とのミーティングやリーダー研修で課題解決のヒントを与える（**昇進後の「解毒剤＋栄養剤」**）

「プレビュー」は軽視されがち

ュー（Realistic Job Preview）という概念が提唱されています（Wanous et al. 1992[*32]）。これは「実際に職務に就く前に、仕事の内容をできる限り実像に近い形で“下見”させること」にほかなりません。

一方、スタッフからリーダーへのトランジションにおいても、このようなリアリスティック・ジョブ・プレビューは有効だと考えられます。昇進後の研修・ミーティングなどのフォローアップが「**解毒剤＋栄養剤**」なのだとすれば、昇進前のプレビューは「**ワクチン**」です。

これからリーダーに昇進しようとしている部下に対し、上司は**「これからあなたに何が起こるか」「どんな壁にぶつかることになるか」をあらかじめ伝える**ようにしましょう。

いたずらに不安を煽ったりする必要はありませんが、いい面ばかりを強調しすぎると、「聞いていた話と違う！」と、かえってリアリティショックを高めてしまう可能性もあります。楽天的でも悲観的でもない「現実的な」プレビューを、自分の経験や失敗のエピソードも織り交ぜながら話すといいでしょう。

とくに女性の場合は、リーダー職に対するネガティブなイメージを持っていたり、自分の成果・能力を低く見積もるインポスター症候群の傾向があったりしますから、事前の「作戦会議」を通じて、これから起こる未来を「予見」させることは本当に大切なのです。はじめてリーダーになる女性には（もちろん男性にも）、プレビューとフォローアップという２つのアプローチを意識してみてください。

また、たとえば本書『女性の視点で見直す人材育成』をこれからリーダーになる女性に手渡すことも、シンプルながら有効な「支援」になり得るかもしれません。本書の内容をもとに、

- 自分はこれまでどのような業務経験を積んできて、何が強みなのか？
- 女性のリーダーやマネジャーは一般にどのような点でつまずきやすいのか？
- 自分はどのようなリーダーになりたいのか？
- 困難が生じたときに、どのようにそれを克服するつもりか？

などについて振り返ったりしながら、今後の作戦を立ててもらうのも、リアリティショックを軽減するプレビューとしては効果的だと思います。

114ページで見たとおり、「女性リーダーは弱い、折れやすい」「女性はリーダーに向いていない」といった世間の一部にある考えが間違いだということは明らかです。それでも、いざ自分が昇進するとなると、本当に自分にリーダーが務まるのかと、躊躇してしまう女性も多いでしょう。そんな女性の背中を後押しすることになりそうなデータをここでお見せしましょう。

こちらは「リーダーになってよかった」と感じている人の割合を男女で比較した結果です（図2-5）。

図2-5　リーダーになってよかったと思う（男女比較）

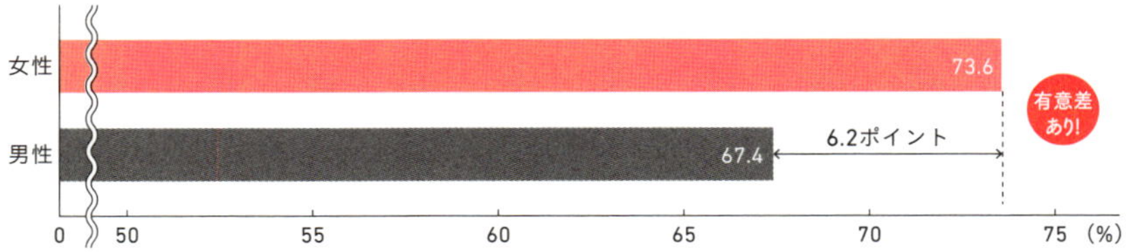

7割以上の女性は
「リーダーになってよかった」と感じている

※対象：リーダーの男女（女性 n=299／男性 n=666）
※質問「総じて考えれば、あなたはリーダーになってよかったと思う」に対して回答「あてはまる」「ややあてはまる」を選んだ人の比率を集計・分析（$\chi^2(1)=3.68, p<.05$）

出所：トーマツ イノベーション（現・ラーニングエージェンシー）×中原淳(2017)「働く男女のキャリア調査」

女性（73.6%）のほうが男性（67.4%）以上にリーダーの仕事にやりがいを感じています。スタッフ期の女性には「昇進を嫌がる」「自信がない（インポスター症候群）」などの特徴が見られましたが、**実際にリーダーになってみると、多くの女性がリーダーの仕事にやりがいを見出し、大きく変貌を遂げる**可能性が示唆されています。ぜひ適切なサポートの下、女性リーダーを育成いただければと思います。

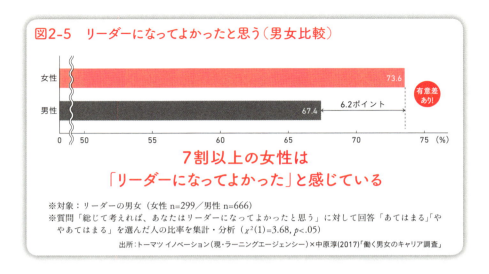

TOPIC 10

女性リーダーは「叱る」のが苦手？

「SBI情報」に基づいた「フィードバック」

上司の個人的な経験談を聞かされても、参考になりません……

男性だろうと女性だろうと、リーダー初期には、上司によるプレビューや人事によるフォローアップが欠かせません。しかし、時にプレビューは「俺のときはこうだった！」「私はこうやって乗り越えた！」というような、単なる昔話・自慢話になりかねません。それを回避するためにも、ここでは、リーダーがどこでつまずくのか、そして、男女でどんな違いがあるのかを見ていきます。勘所を外したプレビューをしないように、女性リーダーがどこに課題を感じやすいのかを知っておきましょう。

部下に「耳の痛いこと」を伝えるのは大変

前節では、リアリティショックの程度には男女差はほとんどなく、リーダーになったあとの「やってよかった」という気持ちは、むしろ女性により強く見られることを確認しました。

とはいえ、女性リーダーであっても、すべての点においては完璧でないはずです。では、リーダーになった女性は、いったいどんなところでつまずき、何が自分に足りないと考えているのでしょうか？　リーダー期の課題意識を男女別でランキングにまとめました（図2-6）。

図2-6　リーダーはどこに苦手意識を感じるのか？（男女比較）

順位	女　性	割合（%）
1位	部下の成長を促すフィードバックや叱ること	53.4
2位	プレイヤー／リーダーとしての仕事量・時間のバランス調整	46.3
3位	部下に仕事を任せる際、権限を適切に委譲すること	46.0

順位	男　性	割合（%）
1位	部下の成長を促すフィードバックや叱ること	57.2
2位	プレイヤー／リーダーとしての仕事量・時間のバランス調整	47.3
3位	プレイヤーとして成果にとらわれすぎず、マネジメントに注力する	46.2

男女とも、リーダーは「耳の痛いこと」を部下に伝えるのが苦手

※対象：リーダーの男女（女性：上からn=309、n=307、n=313　男性：上からn=717、n=713、n=714）
※抱えている課題意識に関して回答「あてはまる」「ややあてはまる」を選んだ人の比率

出所：トーマツ イノベーション（現・ラーニングエージェンシー）×中原淳(2017)「働く男女のキャリア調査」

結論から言えば、**リーダー期の課題意識には男女で大きな違いは見られません**。しかし、最も注意しておきたいのは、女性（53.4%）・男性（57.2%）ともに、**「部下の成長を促すフィードバックや叱ること」に対して最も苦手意識を持っている**という点でしょう。

部下を持てば、部下本人にとって「耳の痛いこと」を伝える**フィードバック**の局面が必ずやってきます。必ずです。

フィードバックの際に伝え方を誤れば、実践に移されませんし、上司部下間の信頼が不十分なままだと、感情的なしこりが残ったり、部下のモティベーションを低下させたりもしかねません。最悪の場合、チームのその後のパフォーマンスにもマイナスの影響が出ます。

次ページのデータは、ネガティブなフィードバックの効果（縦軸）が、上司の伝え方の巧拙（横軸）によってどう変化するかを示したものです。フィードバックの効果は、部下が伝えられたことをどれくらい実践に移そうと思ったかで測定しています（図2-7）。

図2-7　ネガティブフィードバックの質・頻度と効果の関係性

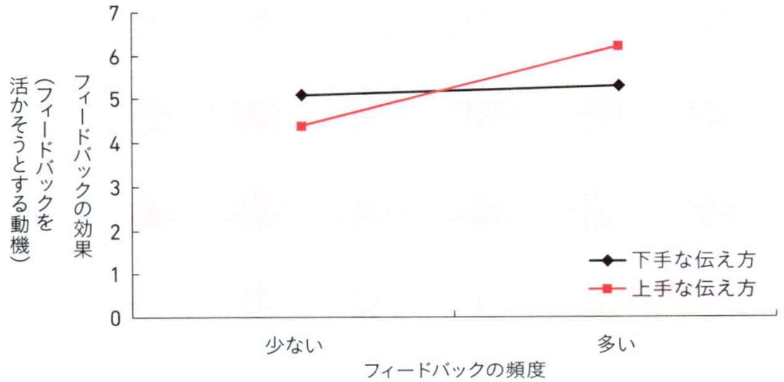

**フィードバックの伝え方が下手だと、
頻度を増やしても効果が高まらない**

出所：Steelman & Rutkowski 2004＊33（一部を改変）

このとおり、どれだけフィードバックの頻度を高めたとしても、その伝え方が適切でないと、フィードバックの効果は上がりません。逆に、たとえフィードバックの内容がネガティブなものだったとしても、上司が伝え方を改善すれば、部下の側でも「言われたことを取り入れよう！」という気持ちが高まるのです。

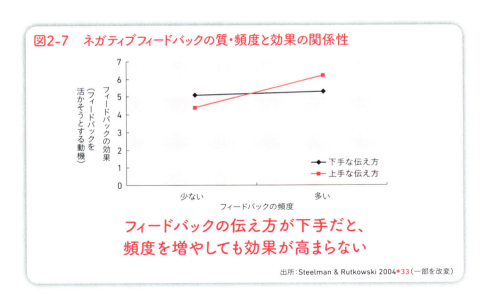

「伝え方」の微妙な違いが大きな結果の違いにつながることを考えると、フィードバックに対して苦手意識を持つ駆け出しリーダーが少なくないのは、じつに頷ける話です。こうした衝突を恐れて、フィードバックから“逃げて”しまうリーダーもいるでしょう。

私はもっと上司のフィードバックが必要だと思っています……

まさにそういう若手世代は多いのではないかと思います。

実際、ミレニアル世代（1980〜1995年生まれ）のとりわけ女性を対象にした「理想的なフィードバックの頻度」に関する調査では、**若い世代の女性たちの半数近くが、「上司からの頻繁なフィードバック」**を求めていることがわかっています。20代〜30代前半の若手メンバーを部下に持つリーダーは、彼女たちがフィードバックを求めているのだということも忘れてはいけません。

フィードバックの5ステップ

女性も含めたリーダーたちが、フィードバックに悩んでいるのだとすれば、彼らをいったいどのようにサポートするべきでしょうか？

いろいろな方法が考えられますが、リーダーたちの上司（つまりマネジャー自身）が、効果的なフィードバックをリーダーに実践してみせるのが最も有効な手立ての一つでしょう。

そこで、部下にとって耳の痛いことを効果的に伝え、部下のアクションを「立て直す」ための基本的なステップを確認しておきたいと思います。

部下の残念な言動を発見したとき、いきなり席に呼びつけて、その場で叱る……これは最悪です。具体的なフィードバック以前に大切なのは、**いきなりその場の思いつきで叱らないこと**です。なぜ部下がそのような行動をとったのか、なぜ以前に伝えたことを決められた時間までに終えられなかったのか、そういった背景に関する情報収集が欠かせません。

このとき意識するといいのが、「どのような状況で（Situation）」「部下のどのような行動が（Behavior）」「どのような影響をもたらしたのか／何がダメだったか（Impact）」という3つの軸を元にした情報（**SBI情報**）です。これらのデータに基づいたフィードバックが重要です。

部下の行動をしっかり観察することなく、その場の思い込みでフィードバックを行うと、「この上司は一方的に決めつけている！」という感情的な反発を部下に生んでしまいかねません。

そのうえで、具体的なフィードバックを行っていく際には、次の5つのステップを意識しましょう。なお、ここでご紹介する効果的なフィードバックのやり方について、より詳しく知りたい方は中原淳『フィードバック入門』『実践！フィードバック』[*34]をご覧ください。

①信頼感の確保

まず周囲に話を聞かれないよう個室を用意することが大事です。部下は「何を言われるのだろう？」と内心プレッシャーを感じているはずですので、いきなり本題に入るのではなく、軽く雑談を挟むなどして緊張を和らげましょう。

②事実通知

「今日は○○さんの行動について残念に思っていることがあるので、一緒に話し合いたいと思っています」「仕事のやり方を改善してほしいので、一緒にいいやり方を考えてください」などと切り出すといいでしょう。

このとき、あくまでもSBI情報にもとづいて「鏡のように事実を伝える」ようにします。憶測や感情を交えてしまうと、部下も聴く姿勢を持ちづらくなります。事実通知の際には「相手の成長のための鏡」になるつもりで、下記のような話法を心がけましょう。

［Situation］○○さん、「　　　　　」のときに
［Behavior］「　　　　　」していた行動が
［Impact］「　　　　　」のように私には“見えた”んですが、
それについてはどう思いますか？

ポイントは具体的にはっきりと伝えること、しかし「私には………のように見える／思えた」というふうに決めつけないこと。「それについてはどう思う？」という最後の問いかけを加えることで、相手にボールを渡すことも忘れないでください。

③問題行動の腹落とし

「事実」を伝えたら、自分がそれを「問題」だと感じていることを伝えま

す。こうした「対話」を通じて、あるべき姿と現状との「ギャップ」を本人に納得してもらうようにします。

④振り返り

お互いに問題が共有できたら、98ページでも見た「振り返り（リフレクション）」です。もう一度、部下本人の言葉で「何が問題だったのか？」「なぜ起きたのか？」を語り直してもらいましょう。過去を振り返るだけでなく、「これからどうするか？」といった行動計画に落とし込むことを忘れずに。

⑤期待通知

ここまでのプロセスをどれだけ丁寧にやったとしても、部下は多少なりとも落ち込んでいたり、ショックを受けていたりすると思います。職場に戻る前に、少しでも気を取り直せるように工夫をしましょう。これからの行動計画を上司としてサポートする用意があること、再発予防のためにど

図2-8　フィードバックの5ステップ

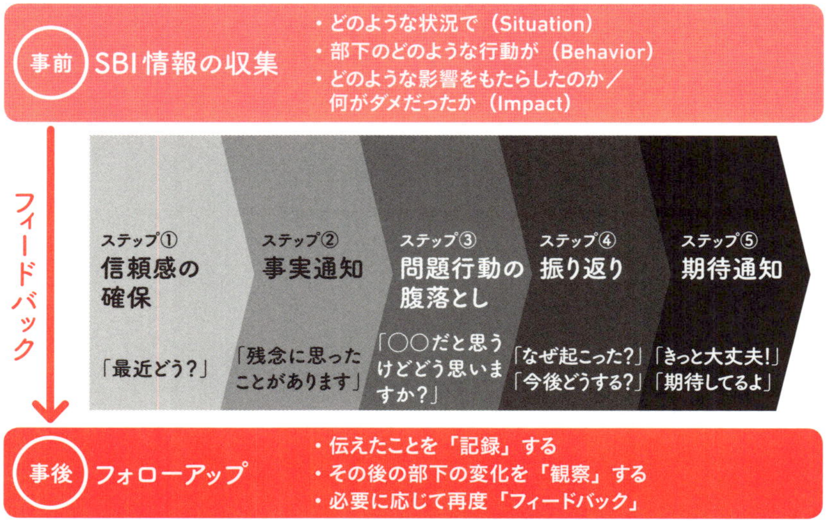

うするべきかなどを伝えたら、最後は「○○さんは□□もできていましたし、きっと大丈夫ですよ！」と期待を伝え、部下の自信（自己効力感）を高めるようにします。

なお、フィードバックは「伝えたらそこで終わり」ではありません。むしろ、伝えた時点が部下の立て直しの「スタート」です。せっかくフィードバックしたのに、上司自身が「何を伝えたのか」を忘れてしまっては、元も子もありません。**部下に耳の痛いことを伝えたら、必ずそれを記録しておく**ようにしましょう。

それにもとづいて、部下の行動がどう変化しているかの観察を続け、必要に応じて再度フィードバックするなど、フォローアップも大切にしてください。

TOPIC 11

女性リーダーが「ジレンマ」に弱いのはなぜ？

不確実性・曖昧な状況への対処

男性とちがって、女性リーダーのほうが細やかな気配りができて、人間関係を構築するのがうまいって言いますよね？

たしかに一般にはそのようなイメージがありますし、女性上司を持つ部下にもそうした意見を持っている人は多いようです。実際、93ページで触れたEI（感情知能）の男女差に関する研究でも、女性ではソーシャルスキルなどの数値が高く出ていました。また、男性が「競争」を好む一方、女性は「社会的なつながり」を重視するというデータもあります。

ただし、僕たちのリサーチによれば、「女性リーダーのほうが気配り上手で人間関係構築が得意！」では済ますわけにいかないデータが浮かび上がってきました。

「不透明な状況」に女性リーダーは戸惑う

前節で見たとおり、男性も女性もリーダーとしての課題意識にはそれほど大きな差が見られませんでした（図2-6）。

第１位に来ていた「部下の成長を促すフィードバックや叱ること」は解説したとおりですが、第２位の「**プレイヤー／リーダーとしての仕事量・時間のバランス調整**」（女性46.3％、男性47.3％）に関しても男女同じです。

図2-6　リーダーはどこに苦手意識を感じるのか？（男女比較）　※再掲

順位	女　性	割合(%)
1位	部下の成長を促すフィードバックや叱ること	53.4
2位	プレイヤー／リーダーとしての仕事量・時間のバランス調整	46.3
3位	部下に仕事を任せる際、権限を適切に委譲すること	46.0

順位	男　性	割合(%)
1位	部下の成長を促すフィードバックや叱ること	57.2
2位	プレイヤー／リーダーとしての仕事量・時間のバランス調整	47.3
3位	プレイヤーとして成果にとらわれすぎず、マネジメントに注力する	46.2

男女とも、リーダーは「耳の痛いこと」を部下に伝えるのが苦手

※対象：リーダーの男女（女性：上からn=309、n=307、n=313　男性：上からn=717、n=713、n=714）
※抱えている課題意識に関して回答「あてはまる」「ややあてはまる」を選んだ人の比率

出所：トーマツ イノベーション（現・ラーニングエージェンシー）×中原淳(2017)「働く男女のキャリア調査」

個人の成果が求められるプレイヤーとしての役割と、チームの成果が求められるマネジャーとしての役割、その狭間において、駆け出しリーダーは大きな変化を経験しますから、そこに課題意識を感じるのは自然なことだと言えるでしょう。

第3位については男女の違いは見られますが、女性は「**部下に仕事を任せる際、権限を適切に委譲すること**」(46.0%)、男性は「**プレイヤーとして成果にとらわれすぎず、マネジメントに注力すること**」(46.2%) と、どちらも似たような領域でつまずいています。どちらもトランジションに伴う課題としてはきわめて真っ当なものです。

一方で、**「女性リーダーならでは」の課題意識は存在しないのでしょうか**？

男性リーダーと女性リーダーの回答を比較して、その「ギャップ」が大きかったものを取り出しました（図2-9）。

図2-9　リーダーの苦手意識のうち、男女差が大きいもの

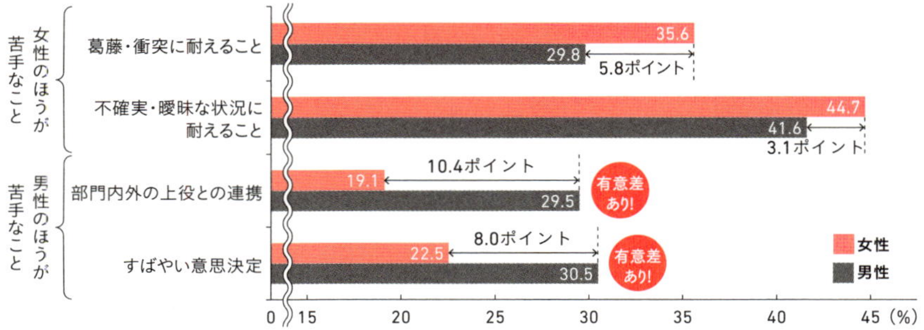

「ジレンマ」や「モヤっとした状況」に女性リーダーは弱い

※対象：リーダーの男女（上から女性 n=306, 309, 304, 302／男性 n=708, 709, 712, 715）
※抱えている課題意識に関して回答「あてはまる」「ややあてはまる」を選んだ人の比率のうち、男女差が多かったものそれぞれ上位2位（上から $\chi^2(4)$=7.545, 3.185, 20.587, 16.623／n.s., n.s., p<.001, p<.01）

出所：トーマツ イノベーション（現・ラーニングエージェンシー）×中原淳(2017)「働く男女のキャリア調査」

図中に記載があるとおり、上段２つが「女性リーダーのほうが苦手なこと」、下段２つが「男性リーダーのほうが苦手なこと」です。

まず男性リーダーは「**部門内外の上役との連携**」につまずいています。部下との関係だけでなく、中間管理職に固有の「上役との調整」が苦手だというわけです。リーダーになると部門内だけでなく、他部署のリーダー・マネジャーたちともコミュニケーションを取りながら、連携をしていかねばなりません。いわゆる「根回し」などもこれに含まれるでしょう。男女差にして10.4ポイントと、最も大きなギャップが見られます。

また、**意思決定のスピード**についても、男女間で大きな差（8.0ポイント）があります。「決められない男性」と「決断力のある女性」という、世の中のステレオタイプを裏切る結果が出た点は興味深いと思います。

一方で、女性リーダーに関して言うと、「**葛藤・衝突に耐えること**」（差5.8ポイント）、「**不確実・曖昧な状況に耐えること**」（差3.1ポイント）の２つに対して男性リーダーよりも苦手意識を感じています（ただし統計的に有意とは言えない程度の差）。

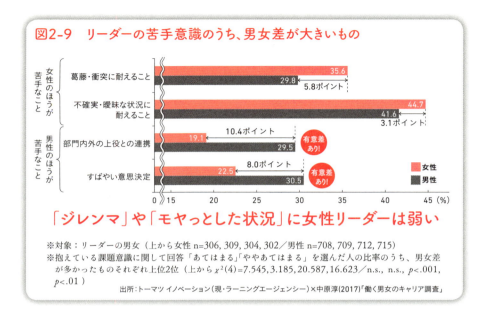

実際、リーダーになると、葛藤・衝突に直面する場面が増えます。チーム内のバランスを取るだけでなく、自分の上司とチームとの中間に立って調整役として動いたり、他のチーム・部署との摩擦が起きないよう取り計らったりすることも求められます。

当然、「あちらを立てれば、こちらが立たず」というケースも出てくるでしょうから、**リーダーの仕事と「板挟み状況（ジレンマ）」は、切っても切れない関係にある**のです（「女性リーダー特有のジレンマ」については135ページのコラムも参照）。

このデータを大きくまとめれば、**男性リーダーは「調整・決断」が苦手で、女性リーダーは「葛藤・不確実性」でつまずきやすい**——ということになります。リーダーへのジョブ・プレビュー（ワクチン）やフォローアップ（解毒剤＋栄養剤）をする際には、こうした男女差も意識してみるといいのではないかと思います。

僕は「マネジメントライブ」というイベントを不定期で行っていたことがあります。これは、特定の企業にお邪魔をして、１年以内にリーダー・マネジャーになった人から、これからリーダー・マネジャーになる人に向けて、「つまずいたこと／うまくいったこと」を語ってもらうイベントです。

男性リーダーは「調整・決断」が苦手で、女性リーダーは「葛藤・不確実性」でつまずく可能性が高いのだとすれば、今後の「マネジメントライブ」では、男性リーダーには「どのような決断をして、どのような結果になったのか」、女性リーダーには「最近、どんなことに葛藤したり、モヤモヤしたりしたか」を語ってもらうようにすると面白いのかもしれません。

女性が「不確実性」に弱いのは「場数不足」!?

ところで、女性リーダーのもう１つの苦手項目である「**不確実・曖昧な状況に耐えること**」というのは、いったい何を意味しているのでしょうか？

たしかにリーダー期には、不確実な事柄に対応しなければならないシーンが、スタッフ期よりも増えます。また、「○○すれば必ず××になる！」というように、はっきりと白黒をつけられない、曖昧な事柄に向き合う局面も多いでしょう。
しかし、なぜ女性のほうがその点に苦手意識を抱くのでしょうか？

これについては、「スタッフ期の１〜３年目のあいだに、周囲とは異なる裁量のある仕事をしていたかどうか」と、「マネジャー期の不確実・曖昧な状況に対する耐性」とのあいだの関連性を分析してみたところ、興味深い傾向が見られました。すなわち、**スタッフのころに裁量のある仕事を経験していた女性ほど、マネジャーになったときに「不確実性・曖昧さ」に対する苦手意識が低くなっていた**のです。
これはリーダー期ではなく、マネジャー期のデータなので直接参考になるわけではないのですが、110ページで見た人材開発の鉄則「鉄は熱いうちに打て」を裏づけるものだと解釈できます。裏を返せば、リーダーになった女性が不確実で曖昧な状況に困難を感じるのは、スタッフの時期に十分な「経験」の場が与えられていないせいではないかということです。

98ページで触れたとおり、働く大人が"健全な自信"を醸成していくためには、具体的な経験とその振り返りといった「学び」のサイクルを回すことで、成長を実感していくことが欠かせません。
女性はリーダーになる「手前」の段階で、不確実なものに対処するという「ストレッチ」を通じて、成長を味わう機会が不足しているのではないかと思います。もしそうなのだとすれば、女性リーダーが不確実性や曖昧さに対して抱く苦手意識は、スタッフ期での「場数」を増やしていけば、解消できる可能性もあるのです。

自信がないリーダーほど、メンバーとぶつかる!?

次は「不確実・曖昧な状況に耐えることが苦手」と相関が見られる苦手項目のうち、統計的に有意だったものを抽出した結果です（図2-10）。

図2-10　リーダー期の「不確実・曖昧な状況に耐えることが苦手」と相関するもの

順位	項　目	相関係数(r)
1位	葛藤や衝突に耐えることが苦手	0.521**
2位	ウマがあわない部下とのコミュニケーションが苦手	0.262**
3位	人間関係トラブル／メンタルヘルス問題の早期発見・解決が苦手	0.257**
4位	多様な価値観を尊重し、意思決定するのが苦手	0.224**
5位	プレイヤーとしての成果にとらわれすぎずマネジメントするのが苦手	0.221**

「不確実性」が苦手な女性リーダーは「対人関係の悩み」にぶつかる傾向

※対象：リーダーの女性（n=344）
※「不確実な出来事、曖昧な状況に耐えることが苦手だった」との相関（**は1%有意水準を表す）。
※相関係数(r)は-1から+1までの数をとる。+1に近いほど両変数のあいだの関連性が高いと言える。

出所：トーマツ イノベーション（現・ラーニングエージェンシー）×中原淳(2017)「働く男女のキャリア調査」

第１位を見ればわかるとおり、「不確実性が苦手」と「葛藤・衝突が苦手」とのあいだには、一定の相関性が認められます（相関係数$r=0.521$／$p<.01$）。第２位以下についても、「ウマが合わない部下とのコミュニケーション」「人間関係トラブル・メンタルヘルス問題」「多様な価値観の尊重」というように、対人関係の悩みが続いているのがわかります。

本節冒頭で見たとおり、「周囲に細やかに配慮する女性リーダー」というステレオタイプに、一定の妥当性があることは否定しません。ただしその半面、**不確実性が苦手な女性リーダーは、メンバーとの衝突や中間管理職**

としてのジレンマといった対人関係で、悩みを抱えやすいという点にも注意が必要でしょう。

対人関係の悩みとしては、たとえば、メンバーごとにマネジメントのやり方を調節し、チームのバランスを取るのが難しいということがあります。部下のキャラクターや能力に合わせて対応を変えることは必要ですが、時には「えこひいき」だと見なされかねません。

とくに、**女性スタッフが多い職場では、リーダーによる公平性の確保がカギ**になります。

以前に僕が行った「アルバイト・パート人材の研究」によれば、主婦のパート女性が多い職場では、「店長の公平な振る舞い」が職場メンバーのモティベーションを大きく左右するというデータが出ました。現役の店長さんたちにインタビューを行った際も、主婦パートのみなさんには、えこひいきしていると思われないように最大限の配慮をしているという声がよく聞かれました（中原・パーソルグループ 2016[*35]）。

実際、リーダーとして「メンバーの好き嫌い」を表に出さないように心がけている女性は、かなり多いのではないかと思います。どのメンバーと何回ランチに行ったか、どのメンバーにどれくらい声をかけたかを記録して、不公平感が出ないように配慮している女性リーダーもいるのだそうです。

女性のリーダー昇進の際には、以上見てきたような「つまずき」ポイントに注意しながら、プレビューやフォローアップをしていきましょう。

REFLECTION

このチャプターで学んだことを踏まえて、もう一度、冒頭のクイズに関して振り返りをしてみましょう。決してこれは「答え合わせ」ではありません。ここの内容を踏まえつつ、職場のメンバーとの「対話」に役立ててください。まずは念のために問題をおさらいしておきます。

QUESTION 02

お願いした仕事を、いつも確実にこなしてくれてありがとう。真田さん、来月からリーダーよろしくね。わが社では珍しい女性リーダーですが、これまでどおりがんばれば大丈夫ですよ。3～4カ月後に面談をするので、ひとまず自分なりに工夫してやってみてください。

部長さん

?

リーダーに任命された真田さんは、
このあとリーダーとして大変苦労することになりました。
部長さんには何が足りなかったのでしょうか？

昇進を望まない女性が多い一方、リーダーになった女性の7割が「なってよかった」と回答しています。また、「はじめてリーダーになったときの経験」が、マネジャーになったあとの成果にも大きな影響を与えています。その後の大きな飛躍につなげるべく、リーダーにはどのようなサポートが必要なのでしょうか？

NG 「これまでどおりがんばれば大丈夫」

POINT 「役割が大きく変わるタイミング」だと伝える！

▶スタッフからリーダーへのトランジションは、「自分で動き自分の成果を出す」フェーズから「他人を動かしチームの成果を出す」フェーズへの大きな変化を伴います。「これまでどおり」ではなく、大きな「生まれ変わり」を体験するタイミングであるということを、しっかりと理解してもらうようにしましょう。

NG「3〜4カ月後に面談をするので、ひとまず自分なりに工夫して」

POINT フォローアップだけでなく、「ワクチン」としてのプレビューを!

▶リーダーへの移行にはリアリティショックが伴います。これを少しでも緩和するためには、事後的な研修やミーティングといったフォローアップだけでなく、「これからどんな課題に直面するか」「どんな対応が求められるか」といったプレビュー(ワクチン)を行い、本人のなかに「抗体」をつくっておく必要があります。

NG「お願いした仕事を、いつも確実にこなしてくれて」

POINT スタッフ期から裁量を持たせて、葛藤・衝突への耐性をつける!

▶女性リーダーがとくに苦手意識を持っているのが、「不確実な状況や葛藤・衝突に耐えること」です。この背景として考えられるのが、スタッフ期に裁量ある仕事を十分に経験していないことです。リーダーになる前の段階で、なるべく不透明な状況で何かを「決める」体験をさせておくことが大切です。

COLUMN

女性リーダーは「ダブルバインド」の状況にある

ダブルバインド（Double bind：二重拘束）とは、他者が発する「メッセージ」と、その人が暗に発している「もう一つのメッセージ（メタメッセージ）」とが矛盾する関係にあり、それらの板挟みにあってストレスを感じるような状況のことをいいます。女性リーダーはこのダブルバインドに苦しめられることが多いと言われています。

一般的に、男性には「主体性や積極性を持ったエージェンティック（agentic）な存在」というステレオタイプがあります。男性は、「攻撃的」で「支配的」で「競争的」で、かつ、「権力を有している」と考えられているわけです（僕がそう思っているのではありません、あくまでステレオタイプです）。

他方、女性は、「温和」で、「支援的」で、「慈愛に満ち」ており、「コミュナル（communal：共同的）」な存在として描かれる傾向があります（Carli and Eagly 2011[*36]）。

ややこしいのは、ここからです。一般にビジネスの世界では、「リーダーとはエージェンティックな存在である」と信じられています（Eagly and Karau 2002[*37]）。リーダーたるもの、勇ましく部下を率いて、市場を制圧しなければならない。リーダーには、こうしたイメージや規範がついてまわるわけです。

ビジネス文化は男性的（masculine）なカルチャーに満ちています。こうしたステレオタイプの結果、シャインらの研究（Schein et al. 1996[*38]）によれば、「『マネジャーと言えば男』効果（Think manager, think male effect）」が生まれます。リーダーやマネジャーという言葉を聞いたときに、人はつい男性をイメージしてしまうというわけです。

ここで困ることになるのが、女性のリーダーやマネジャーです。「コミュナルな存在」というステレオタイプがある「女性」と、「エージェンティックな存在」としてイメージされる「リーダー」が、1人の人格のなかで同居することになるからです。その結果、女性リーダーは「ダブルバインド」の状況に追いやられます。

まず、コミュナルな性質を持つ女性リーダーは「あの人、リーダーなのにエージェンティックじゃないよね」という誹りを受ける可能性が高まります。他方、エージェンティックな性質の強い女性リーダーは「あの人、女性なのにコミュナルじゃないよね」という指摘を受けてしまうのです。

女性リーダーは「エージェンティックさ」と「コミュナルさ」を同時に求められるダブルバインド状況のなかで、いかに両者のバランスを取っていくかという課題にも向き合わざるを得ないのです。

CHAPTER 3

女性が「管理職」になる日

マネジャー期

QUESTION 03

相田さんのがんばりを評価して、来期からマネジャーをやってもらうことになりました。

求められる成果や責任は大きくなりますが、給与面も含めて得るものも多いですよ。

というわけでお願いしますね。

ところが相田さんは
「すみません……
辞退させてください」
と断ってしまいました。

……

部長さんはどんなところに
気をつけながら昇進を
伝えるべきだったの
でしょう?

TOPIC 12

女性マネジャーの「昇進」はなぜモメるのか？

昇進受け入れのための「上司からの説得」

私の力量では難しいと思います。辞退させてください

いよいよ、女性の第３のトランジション・ステージ「マネジャー」を見ていきます。リーダーを経験した女性であっても、部下のマネジメント・評価や部の売上などに責任を持つマネジャーとなると、引き受けたがらないケースも多いようです。なぜこうしたことが起きてくるのか？　どんな説得が必要なのかについて考えてみましょう。

「なりたくない理由」はいくらでもある

マネジャー？　申し分けないですけど、
なりたいとは思いません……

なぜ女性はマネジャーへの昇進に二の足を踏むのか、ここまでの内容を読んだ人であれば、ある程度の予想はつくのではないかと思います。そもそも女性は、昇進などの外的報酬よりも、仕事そのものに魅力を感じる傾向がありました。成果が評価されることや給料が上がることよりも、やりがいを重視するのです（43ページ）。また、葛藤や衝突を避けたい気持ちも強いので、トラブル処理に追われるマネジャーのポジションが、あまり魅力的に映らないことは十分考えられます（128ページ）。

さらに、結婚・出産・育児といったライフイベントとの両立を考えると、

「責任ある立場には（就きたくても）就けない」と考える女性は多いでしょう。さらにこうした状況を後押ししてしまっているのが、女性マネジャーのハードワークです。既出データですが、月30時間以上の残業をしている人（ステージ別）の割合をもう一度見てみましょう（図3-1）。

図3-1　「月残業時間が30時間以上の女性」の割合（ステージ別）

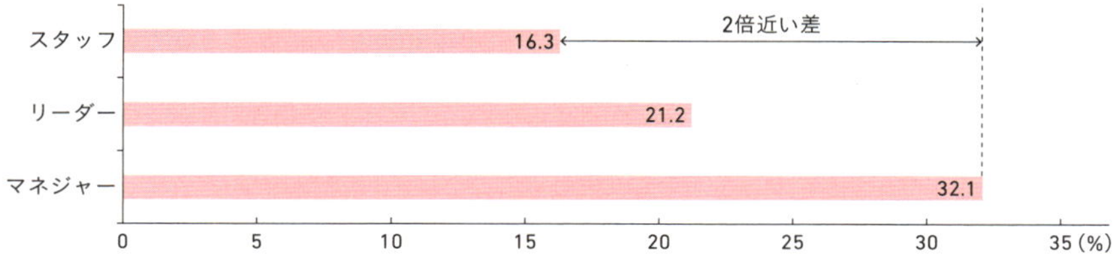

「マネジャーになる≒長時間働く」という現状

※対象：全階層の女性（スタッフ n=1005, リーダー n=339, マネジャー n=365）
※1カ月の平均残業時間を「30時間以上50時間未満」「50時間以上」と回答した人の比率

出所：トーマツ イノベーション（現・ラーニングエージェンシー）×中原淳(2017)「働く男女のキャリア調査」

スタッフ期の女性で30時間以上の残業をしているのは16.3%なのに、マネジャーになるとその割合はじつに2倍近く（32.1%）になっています。**「マネジャーになること≒長時間働くこと」という現状がある限り、女性がマネジャーへの昇進に及び腰になるのはやむを得ません。**

国は、女性管理職の数を増やそうと躍起になっていますが、そのためには同時に、日本企業に染みついた「労働時間の長さが評価につながる」という「悪しき慣習」のアンインストールが必要なのです。

男性は「Give me!」、女性は「Why me?」で動く

管理職になれば給料も上がるし、権限も広がる。
どこが不満なんですか？

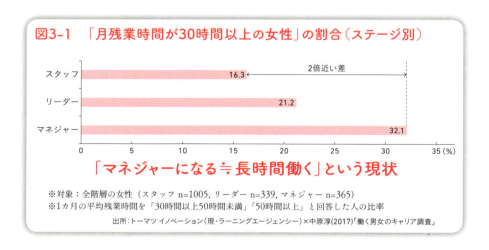

男性からすれば、そう言いたくなる人も多いでしょう。女性にマネジャーを思いとどまらせる要因はいくつかありますが、それを乗り越えた人、つまり、**実際にマネジャー職を引き受けた女性は、いったい何が決め手だったのでしょうか？**

「マネジャー職を引き受けた理由」について、男女間で有意な差が見られたものをピックアップしました（図3-2）。

図3-2　マネジャー職を引き受けた理由（男女差の大きいもの）

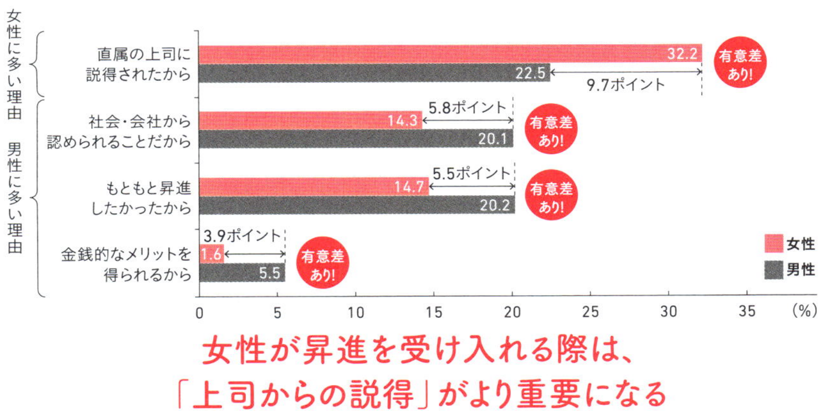

※対象：マネジャーの男女（女性 n=245／男性 n=1126）
※「管理職昇進を引き受ける理由」のうち、男女比率の差が大きかったものを抜粋（上から $\chi^2(1)$ =10.42, 4.370, 3.78, 6.589／$p<.001$, $p<.05$, $p<.05$, $p<.05$）

出所：トーマツ イノベーション（現・ラーニングエージェンシー）×中原淳（2017）「働く男女のキャリア調査」

男女で顕著に傾向が分かれています。

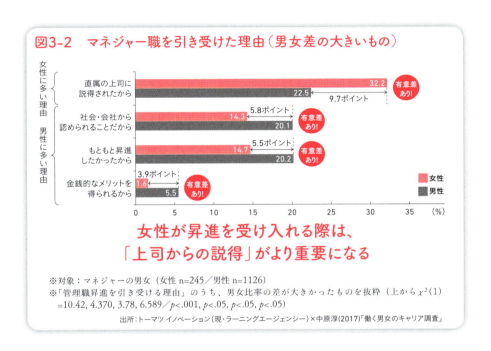

まず男性のほうに目立っていたのが「社会・会社から認められることだから」（差5.8ポイント）、「もともと昇進したかったから」（差5.5ポイント）、「金銭的なメリットを得られるから」（差3.9ポイント）といった理由です。**昇進に対するポジティブな認知が、男性の背中を押している**ことが見て取れます。

マネジャーの段階になると、金銭的なメリットは、男性にとってもそれほど大きな割合は占めていませんが、男女で比較すると、やはり男性のほうが昇給に魅力を感じていることがうかがえます。

他方で、女性を動かしたのは何だったのでしょうか？

男女が逆転している唯一の項目が「直属の上司に説得されたから」（差9.7ポイント）です。マネジャー昇進時に上司からの説得が大きな割合を占めるのは男性も同じ（第1位）ですが、ここに男女差が最も顕著に表れているのは、非常に興味深いと思います。

多くの女性はやはり、マネジャーになることを自分からは望みません。**3割以上の女性は、上司からの説得行為があってはじめて、マネジャーへの道を歩みはじめる**と考えられます。

女性にとって、やはりマネジャーになることには大きな壁があるようです。背中を押してくれる第三者のひと言が、人によって時によって必要なのかもしれません。

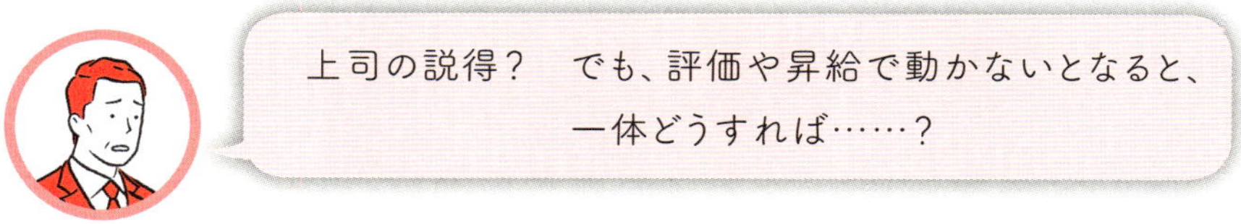

上司の説得？　でも、評価や昇給で動かないとなると、
一体どうすれば……？

上司が自分の価値観に基づいて「マネジャーになって成果を出せば、もっと会社に認められますよ」「これくらいの昇給がありますよ」という伝え方をしても、本人の価値観とズレがあれば、女性の心は動きません。

では、どのようなポイントを押さえるべきなのでしょうか？

ひと言で申し上げれば、**「なぜあなたにマネジャーをやってほしいのか？」をしっかりと伝える**とよいのだと思います。ごくごく当然のことに思えますが、じつはこれがあまり実践されていません。

「偉くなるのも順番だからさ、そろそろ頼むよ」「誰でも管理職になれるわけじゃないんだから、よかったじゃないか」など、マネジャーへの昇進時に女性たちが男性上司から投げかけられた言葉を採取してみると、驚くほど「言葉や説明を省いていること」が明らかになります。

図3-3　昇進受け入れのキーになるものが男女では異なる

男性 Give me!
で昇進
女性 Why me?
で昇進
男性
女性
もらうお金や権限の拡大から
昇進を希望する
なぜ自分が選ばれたのかという理由や
意味づけで昇進を決意する
「Why me？ にどう答えるのか」が重要！

本人のどんな能力・成果を評価し、どんな期待を込めて今回の昇進を決めたのか？　上司や人事担当者は、それを女性が納得するまで説明する必要があります。

男性は報酬や権限拡大など与えられるものの大きさ（Give me!）で昇進を受け入れます。しかし、周囲からの妬みや圧力にも晒されがちな女性（後述148ページ参照）が一歩を踏み出すには、「**なぜ私なのか？**（Why me?）」を理解してもらうプロセスが欠かせません。

そこを見落としたまま、得られるものの大きさばかりを語っても、女性の心にはまったく響かないのです。場合によっては、スタッフからリーダーへの昇進の際も、「Why me?」の伝達は必要になるでしょう。

「なぜ私がマネジャー？」を納得させる4ステップ

「Why me?」を効果的に伝えるには、どんなことに気をつければいいのでしょうか？　このとき、次の４つのステップを意識すると、うまくいくのではないかと思います。

①結論

まずは「いつから何の役職に就いてほしいのか」について、端的な「結論」を伝えます。ここで「どういう見返りがあるのか？」というような周辺事項の説明から入ると、聞く側には「大変な仕事だというのを隠そうとしているのではないか」「何か事情を隠しているのではないか」といった疑念が生まれてしまいます。ここは明瞭かつコンパクトに伝えることを意識しましょう。

②理由

次に、すかさず「Why me?」、つまり、理由を伝えます。「なぜほかの人ではなく、あなたなのか」「あなたにはどんな期待がかけられているのか」を丁寧に説明していくようにします。また、「がんばって結果を出してくれたので」というような曖昧な理由ではなく、「○○のときに××してくれたことを評価している」というように、具体的なエピソードなども交えるようにしましょう。さらに、プレイヤーとしての実績だけではなく、マネジャーとしての評価につながるようなアクションにも言及しながら、「あなたならマネジャーとしてやっていける」という自信を持たせるようにします。

③意向確認

ここまで伝えたら、「じゃ、お願いしますね……」と言って、一方的に話を切り上げてはいけません。本人がどのように感じているか、あまり前向きでないのだとしたら、どんな心配・懸念を持っているのかなどについて、本人の意向を確認するようにしましょう。

図3-4　マネジャー昇進を女性に伝える4ステップ

ステップ	内容	伝え方の例
ステップ1 結論	いつから何の役職に就いてほしいのかを単刀直入に伝える	4月から○○課の課長をやってほしいと思っているんだ
ステップ2 理由	職場の状況やスキルの適合性を踏まえつつ、なぜ昇進してほしいのかを伝える	君はプレイヤーとして数字を上げながら、メンバーの○○さんの業績も伸ばしてくれたよね。だから、課長として○○課でもぜひみんなを助けてほしい
ステップ3 意向確認	本人の現時点の思いを聞く。一方的に伝えて終わりにしない	これが僕たちの考えなんだけど、君はどうかな？
ステップ4 後押し	上司からのサポートや人事のバックアップがあることを伝える	もちろん、これまでどおり僕たちもサポートは続けるので安心してほしい

「Why me?（なぜ私がマネジャー？）」を本人が納得するまで、時間をかける

④後押し

最後は、本人が不安に思っていることに対して、上司として全面的にサポートする用意があることを伝え、背中を後押しします。本人はきっと意気込んでいるでしょうから、内心引っかかっていることがあっても、意向確認のフェーズでは「がんばります……」としか言わないかもしれません。本人に何も不安がないように見えても、「困ったときはさまざまなバックアップ態勢がある」ことを認識してもらい、責任を背負いこませすぎないようにしましょう。

以上4つが、昇進を伝えるときの基本的ステップですが、これと併せて、**時間をかけること**もぜひ大切にしてください。

ある社長は、現場でバリバリと結果を出していた女性を部長職に上げると決めて以来、説得に1年以上を費やしたといいます。

最初はその女性も「私はマネジャーの器ではないので、自信がありません……」と固辞していましたが、何度もランチミーティングを行い、「なぜあなたにやってほしいのか」を社長から伝えたそうです。いまでは彼女は、30人以上の部下をまとめるマネジャーへと成長しています。

最終的に部長職を引き受けた彼女に「決め手は何だったのですか？」と聞いたところ、「社長が『**君なりのマネジメントスタイルでかまわない**』と言ってくれたのが大きかったですね」とのことでした。当時、男性マネジャーのほうが多かった職場のなかで、ただ彼らの働き方を真似させるのではなく、自分のやり方を模索していいという言葉が彼女の背中を押したのです。

いざなってみたら「よかった！」のがマネジャー

最後に１つ、昇進を望んでいない女性マネジャーの後押しをするうえで、少しだけ助けになるかもしれないデータをご紹介しておきましょう。

図3-5　「マネジャーになってよかった」と感じている人の割合（男女比較）

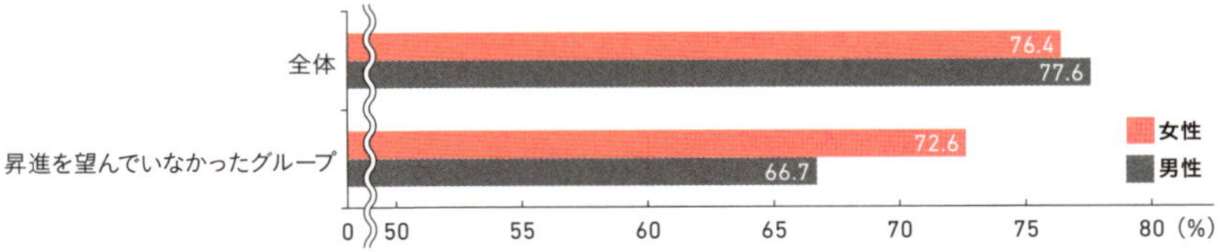

かつて「昇進したくなかった」女性も、いざなってみたら「よかった！」が7割

※対象：（上段）マネジャーの男女（女性n=369／男性n=1575）（下段）マネジャー期の男女で質問「仕事をはじめて1年目から3年目の間、昇進したいと思っていた」に対して回答「あまりあてはまらない」「あてはまらない」「まったくあてはまらない」を選んだ人（女性n=157／男性n=457）

※質問「総じて考えれば、管理職になってよかったと思う」の質問に回答「あてはまる」「ややあてはまる」を選んだ人の比率を集計・分析（上から$\chi^2(2)=1.134$, n.s.／$\chi^2(2)=2.133$, n.s.）

出所：トーマツ イノベーション（現・ラーニングエージェンシー）×中原淳（2017）「働く男女のキャリア調査」

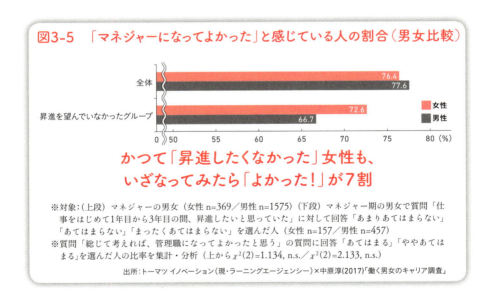

こちらは「マネジャーになってよかった」という感想を持っているマネジャーの割合を男女で比較した結果です。マネジャー全体の数字だけでなく、「若手のころには出世を望んでいなかった（けれど、結果的にマネジャーになった）人たち」のデータも出しています（図3-5）。

ご覧のとおり、７割以上の男女が「マネジャーになってよかった」と回答しています。全体の比率では男女に差がありません。

より興味深いのは下段の「昇進を望んでいなかったグループ」のほうでしょう。男性の場合は、若手のころに「昇進したい」という思いがないと、実際に昇進したあとに、「なってよかった！」と感じる割合が低下しています。

一方、**女性の場合は、もともと昇進意欲がなくても、いざマネジャーになったら意外とやりがいを感じている人が７割超もいる**ことが見て取れます。「私なんかにマネジャーが務まるはずない……」と謙遜している女性が、昇進後にマネジャーとしてのスキルを開花させ、いきいきと活躍するケースは十分あり得るのです。

TOPIC 13

女性マネジャーは「嫉妬」の的になる？

「女王バチ症候群」と「戦略的無能」

とにかく目立ちたくないんです。目立つ女性は、周りから疎んじられますから

「なぜ昇進したくないのか？」という質問をすると、女性からはこんな答えが返ってくることがあります。「女性がリーダーやマネジャーといった目立つポジションに就くと、周りから叩かれるようになる」というのは本当なのでしょうか？　もしそうなのだとすれば、そうやって女性の足を引っ張っているのは、いったい誰なのでしょうか？

女性は「目立つこと」を過剰に恐れている!?

「出る杭は打たれる」は世の常。
目立つ人が叩かれるのは男性も女性も同じでは？

個人的には「出る杭が打たれない社会・組織」であるに越したことはないと思いますが、人間には嫉妬の感情がありますから、そうした側面はゼロではないでしょう。しかし、目立つ女性ばかりが足を引っ張られているのだとすれば、こんなに残念なことはありません。しかも、データを見るかぎりでは、「目立つ女性は叩かれる」と感じている人は女性に多く、男女差もかなりあります。

次の図は「『ビジネスで成功した女性は妬みを買いやすい』と感じていたか？」について、実際にリーダー・マネジャーに昇進している男女に聞いた結果です（図3-6）。

図3-6　「ビジネスで成功した女性は妬みを買いやすい」と思っていた？（男女／ステージ比較）

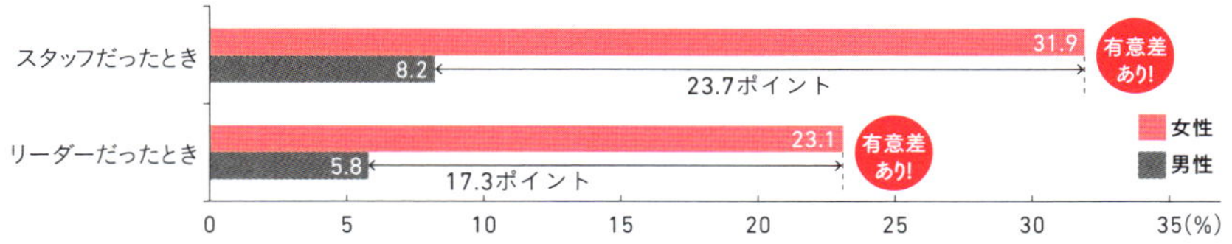

「妬みを買いやすい」と思っているのは、圧倒的に女性

※対象：（上段）リーダー・マネジャーの男女（女性 n=540／男性 n=1723）（下段）マネジャーの男女（女性n=195／男性 n=866）

※質問「実務担当者時代、ビジネスで成功した女性は妬みを買いやすいと思いましたか？」「リーダー時代、ビジネスで成功した女性は妬みを買いやすいと思いましたか？」に対して、回答「あてはまる」「ややあてはまる」を選んだ人の比率を集計・分析（上から $\chi^2(1)=191.791$, $p<.001$／$\chi^2(1)=58.455$, $p<.001$）

出所：トーマツ イノベーション（現・ラーニングエージェンシー）×中原淳(2017)「働く男女のキャリア調査」

まず気になるのは男女差の大きさです。スタッフ期には23.7ポイント、リーダー期にも17.3ポイントと、大きなギャップが見られます。**女性たちが「活躍する女性への妬み」を敏感に察知しているのに対して、男性はそんな妬みが職場に渦巻いていることをほとんど認識していません**。女性たちが「あまり目立つと叩かれるかも……」と怯えていることを、多くの男性は知らないのです。非常に興味深い認識ギャップです。

もう一つ、次ページに掲載したのは「女性は妬みを買いやすい」という認知が、トランジションステージを移っていくにつれて、どのように修正されていったかを示すデータです（図3-7）。

女性のトランジションに応じて、変化が見られます。スタッフ期の「妬まれるかも……」という恐怖を100％とすると、リーダー期では66.0％、マネジャーになった現時点では54.0％にまで低下しています。

図3-7　マネジャーになった女性の「妬み」認知の変化（ステージ別）

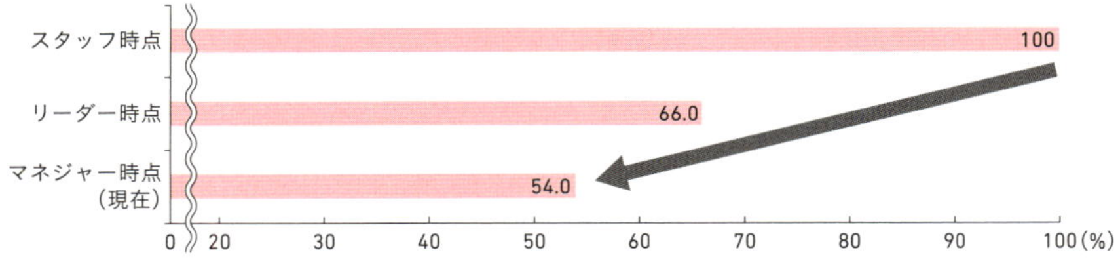

ステージが上がるにつれて、
「思っていたほど妬まれない」と気づく

※対象：マネジャーの女性（上からn=73, 53, 63）
※質問「実務担当者時代、あなたは、ビジネスで成功した女性は妬みを買いやすいと感じていた」に対して回答「あてはまる」「ややあてはまる」を選んだ人のうち、質問「リーダー時代、あなたは、ビジネスで成功した女性は妬みを買いやすいと感じていた」「現在、あなたは、ビジネスで成功した女性は妬みを買いやすいと感じている」にそれぞれに対して回答「あてはまる」「ややあてはまる」を選んだ人の比率を集計

出所：トーマツ イノベーション（現・ラーニングエージェンシー）×中原淳(2017)「働く男女のキャリア調査」

つまり、**スタッフ期の女性は、目立つことを必要以上に恐れているものの、いざ実際に昇進してみると、周囲からの視線をあまり認知しなくなる**わけです。

女性の足を引っ張る女性——女王バチ症候群

でも、女性が周囲からの嫉妬を
「感じている」のは事実ですよね？

そのとおりです。やはりリーダー・マネジャーになった女性の多くが、周囲からの嫉妬を肌身で感じているのは事実です。では、**彼女たちの足を引っ張ろうとしているのは、いったい誰なのでしょうか？**

かつて、女性が仕事で大きな成果を上げたり、出産後にも仕事を続けたり、組織内で昇進していったりすること……要するに、女性が活躍することを妨げている要因が語られる際、真っ先に槍玉に挙がってきたのは男性

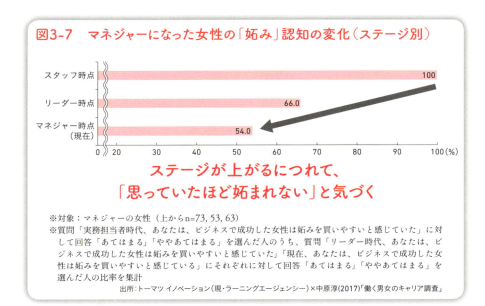

でした。男性的な企業文化が女性の活躍を抑制し、排除している――これが多くの人に共有されている「常識」でしょう。僕もあえてこれに異を唱えるつもりはありません。

ハーバードビジネススクール教授のロザベス・モス・カンターは、有名な著書『企業のなかの男と女』(Kanter 1977[*39]) のなかで、男性中心文化のなかで奮闘してはたらく女性を次のような「記号」で表現しました。

XXXxxxOXXXxxx

「XXX」や「xxx」は男性を表し、真ん中にある「O」が女性です。圧倒的マジョリティである男性たちのなかで、女性は「O」として仕事をしており、しかも、その様子はつねに「X」や「x」たちからの衆人環視のもとにあります。こうした環境下では、女性はどうしても不利な扱いを受けざるを得ないというわけです。

一方で、従来のジェンダースタディーなどでは、これとは別の指摘もあります。

すなわち、**「女性の昇進を阻むのは女性である」といった考え方**です。とくに、より高い職位にある女性が、下から這い上がってくる女性を"一刺し"してしまう現象を**女王バチ症候群** (Queen Bee Syndrome) といいます (Staines et al. 1974[*40])。

今回のリサーチでは、これを踏まえた質問項目も用意しました。まずは結果をご覧いただきましょう (図3-8)。

割合としては決して大きくありませんが、衝撃的な数字です。男性 (4.4%) の倍以上の女性 (9.4%) が、「女性の昇進を阻む女性幹部・女性マネジャーがいた」と答えているからです。**有望な女性を潰そうとする女王バチ症候群は、男性が気づかないところに発現している可能性がある**ことが読み取れます。

「女王バチ症候群」の典型的光景は、男性部下にすでに囲まれ、地位を固めた女性の上級管理職が、その地位を脅かしかねない下級管理職の女性の

図3-8 「女性の昇進を阻もうとする女性幹部・管理職」がいたか？（男女比較）

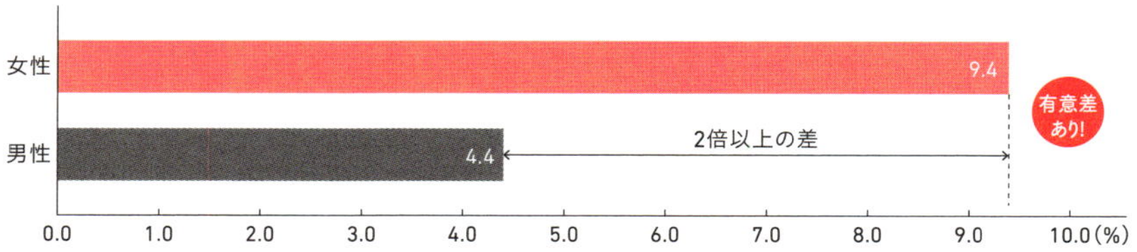

男性は「女王バチ」の存在に気づかない？

※対象：マネジャーの男女（女性 n=233／男性 n=1107）
※質問「あなたがリーダーとなってはじめてマネジメントを行っていたチーム・職場には、女性の昇進を阻もうとする女性幹部や女性管理職がいたと思う」に対して回答「あてはまる」「ややあてはまる」を選んだ人の比率を集計・分析（$\chi^2(1)=9.650, p<.01$）

出所：トーマツ イノベーション（現・ラーニングエージェンシー）×中原淳(2017)「働く男女のキャリア調査」

追撃を恐れて行うというものです。このほかに、あまりサポートのなかった時代に孤軍奮闘して子育てを全うした上級管理職の女性が、いままさにさまざまなサポートを利用して子育てを行っている女性を、知らず知らずのうちに攻撃してしまうという“亜種”も存在します。この亜種は、もともとの概念の解釈には存在していませんが、現代社会においてよく見られる光景とも言えます。

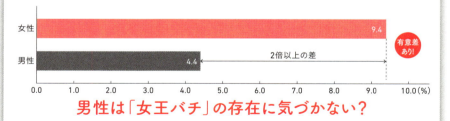

周囲からの嫉妬をかわす「戦略的無能」

悪いのは嫉妬するほうですよね？

はい、僕も本当は「みなさん、妬むのはやめましょう！」と言いたいところですが、それだけで事態が解決するようには思えません。過酷なサバイバル状況にある女性たちを守るために、周囲にはいったい何ができるでしょうか？

リーダーを経験したある女性からは、直属の女性上司からの「蹴り落とし」に遭った場合は、「その上の上司」を頼るようにしていたという話を聞きました。逆に考えると、**女性が直属上司を飛び越えるスキップ相談を行うときは、現場で「女王バチ症候群」が発生しているシグナル**だとも考えられます。

とくに男性マネジャーは、職場の嫉妬状況に「気づいていない」という可能性を肝に銘じ、スキップ相談には慎重に対処するように心がけましょう。「いや、それは直属上司に相談してよ」などと放置するのは避け、なぜ彼女が直属上司を「スキップ」しているのかを考えてみてください。

女性が感じる「周囲からの嫉妬」や「女王バチ症候群」を踏まえると、93ページで検討した女性の「インポスター症候群」に関しても、これまでとは少し違った見方ができるかもしれません。

データを見る限り、女性には「自分の成果・能力を低く評価する傾向」がある一方、すべての女性に自信がないわけではありません。自信を持ち、その能力を発揮している女性は、現実にみなさんの周りにもいるでしょう。

しかしそれと同時に、**「自信はあるけれど、あえて力を発揮していない女性」**もいるのではないでしょうか？　女性が前に出ることを歓迎しない、「男性中心主義」的な文化がある職場はもちろんですが、前述の「嫉妬」や「女王バチ症候群」といった圧力の影響も考慮すると、「下手に活躍すると周りから叩かれる。だったら、最初から自信がないフリをしておいたほうがトクだ」と考える女性もいるでしょう。いわば**戦略的無能**です。

本当は自信があるのに、「自分には無理です」と無能を装っている女性がいるのだとすれば、組織にとっては大変な損失です。「女性活躍推進」は、そうした女性にもアプローチする必要があるでしょう。

とはいえ、彼女たちの意識を無理やり変革しようとしても無駄です。そうではなく、**「無能を装ったほうがトク」であるような職場環境そのものを変えていく**しかありません。

みなさんの職場は、「自信のないフリをしたほうがトクをする職場」ではありませんか？　いま一度、女性目線で振り返ってみましょう。

TOPIC 14

女性マネジャーは「戦略」に不向きか？

ロジック嫌いを解消する人材開発

分析とか戦略などの“左脳的な仕事”は
女性マネジャーには向かないと思います……

一般に、こういう声が聞かれます。女性は、部下のメンタル面のマネジメントやチームワーク形成など、男性マネジャーが取りこぼしがちな部分に強みを感じているようですし、逆に「論理的な思考が求められる業務」に苦手意識を持っているのは事実です。
この点をどのように考えていけばいいでしょうか？　マネジャーに昇進した女性が直面する「第２のリアリティショック」とともに見ていきましょう。

リーダーとマネジャー、壁にぶつかるのはどっち？

リーダーも経験しているし、彼女なら
何も言わなくてもマネジャー職をこなせるはず！

スタッフからリーダーへのトランジションにおいては、仕事のスタイル・目的が大きく変わり、そこで一定の摩擦（リアリティショック）が生じることを確認しました。この影響は、事後的なフォローアップ（解毒剤&栄養剤）と事前のプレビュー（ワクチン）によって、かなり軽減できます。
　一方、リーダーからマネジャーへのトランジションは、「他人を通じて仕事を成し遂げる」ための能力・技能が求められるという意味では同じですし、一見そこまで劇的な変化はなさそうに思えます。だとすると、マネジャーになった人にはそれほどリアリティショックはないのでしょうか？データを見てみましょう（図3-9）。

図3-9　リアリティショックの大きさ（ステージ別・男女比較）

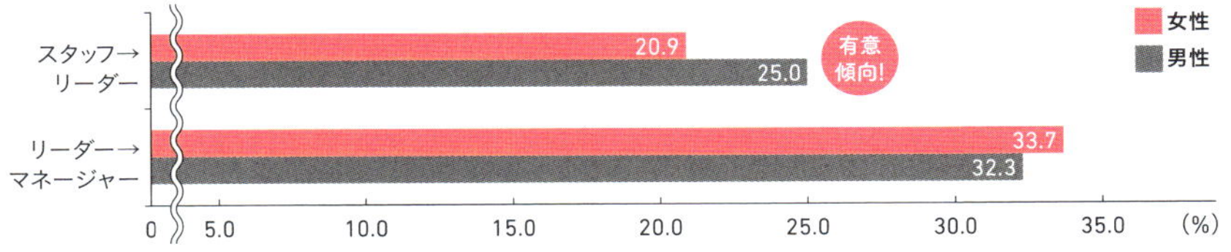

マネジャーへのトランジションは
男女ともに負荷が大きくなる

※対象：スタッフ→リーダー：リーダーとマネジャーの男女（女性 n=455／男性 n=1446）／リーダー→マネジャー：マネジャーの男女（女性 n=249／男性 n=1079）
※質問「あなたが思い描いていた管理職の役割と実際の仕事内容には差があった」に対して回答「あてはまる」「ややあてはまる」を選んだ人の比率を集計・分析（スタッフ→リーダー：$\chi^2(1)=3.273$, $p<.10$／リーダー→マネジャー：$\chi^2(1)=.203$, n.s.）

出所：トーマツ イノベーション（現・ラーニングエージェンシー）×中原淳（2017）「働く男女のキャリア調査」

リーダーからマネジャーへのトランジションに伴うリアリティショックに関しては、女性（33.7%）と男性（32.3%）のあいだに顕著な差は見られません。

しかしより注目すべきは、全体として「スタッフ→リーダー」のときよりも、「リーダー→マネジャー」の数値のほうが大きくなっているという点です。つまり**マネジャー職は、リーダー職の単なる「拡張版」ではない**のです。「スタッフ→リーダー」のトランジションに、「生まれ変わり」とも言うべき大幅な意識転換が求められたのと同じように、**「リーダー→マネジャー」という役割移行にも、かなり大きな負荷がかかる**ことが見て取れます。

男性か女性かを問わず、新たにマネジャーに引き上げるときには、「これまでリーダーとしての経験もしているし、わざわざ言わなくても自分でな

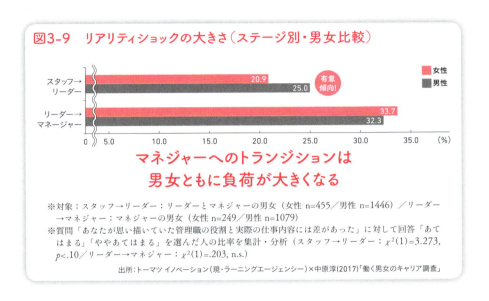

んとかするだろう」で済ませてはいけません。リーダーとマネジャーの仕事にはやはり大きなギャップがあるので、上司によるプレビューや人事担当者からのフォローアップは欠かせないのです。

僕は常日頃から、日本の人材開発は「ドカーンとチョロン」だという指摘をしています。「ドカーンとチョロン」はもちろん比喩です。日本企業の人材開発は、あまりにも新入社員時期に偏っており（ドカーンとした大盤振る舞いの支援）、そこには一人あたりでかなりの投資が行われる一方、リーダーやマネジャーになったタイミングではそこまで人材開発関連の投資がなされていません（チョロンとしたわずかな支援）。主任に就任した直後や、管理職に就任した直後にちょっとした研修があるくらいです。

図3-10　日本企業の人材開発の特徴

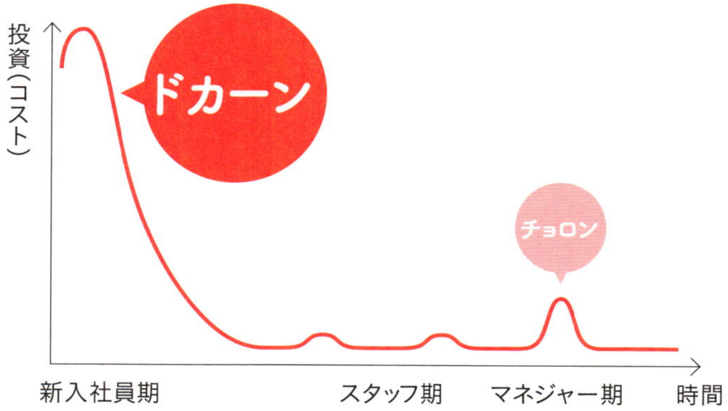

「ドカーンとチョロン」のアンバランス状況を見直すべきタイミングに来ている

新入社員に支援が必要なのは言うまでもありませんが、日本企業の人材開発は、こうしたアンバランスな投資状況を見直す時期に来ていると思います。より大きな「つまずき」や「段差」が待ち構えているリーダーやマネジャーにも、同程度、またはそれ以上のサポートを検討すべきでしょう。

女性マネジャーが苦手な「左脳的な仕事」とは？

それでは、女性マネジャーはどんなことにつまずいているのでしょうか？

マネジャー男女に聞いた「苦手なこと」のうち、男女差が大きかったものに注目してみましょう（図3-11）。

図3-11　マネジャーはどこに苦手意識を感じるのか？（男女比較）

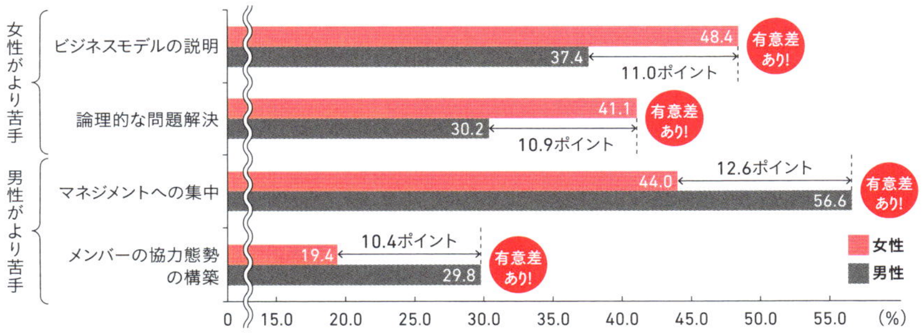

女性は「左脳的な仕事」に苦手意識あり

※対象：マネジャーの男女（上から　女性 n=213, 224, 234, 232／男性 n=929, 944, 971, 988）

※「あてはまる」「ややあてはまる」と「あまりあてはまらない」「あてはまらない」をカテゴリー化して集計し、男女差の大きいもの上位2つをそれぞれ抜粋（上から $\chi^2(1)=8.788$, $p<.01$／$\chi^2(1)=9.805$, $p<.01$／$\chi^2(1)=12.108$, $p<.01$／$\chi^2(1)=10.051$, $p<.01$）

出所：トーマツ イノベーション（現・ラーニングエージェンシー）×中原淳(2017)「働く男女のキャリア調査」

まず男性がより苦手だと感じているものとして、「マネジメントへの集中」（差12.6ポイント）、「メンバーの協力態勢の構築」（差10.4ポイント）が上位２つに来ています。

「他人を動かして成果を上げることが求められる立場にありながら、プレイヤーだったころのクセが抜けきらず、ついスタンドプレイに走ってしまう……」「その結果、メンバーの協力が得られず、自分で仕事を抱え込むことになり、パフォーマンスが上がらなくなってしまう……」いかにもマネジャーがぶつかりそうな課題です。**男性マネジャーたちは、マネジメント**

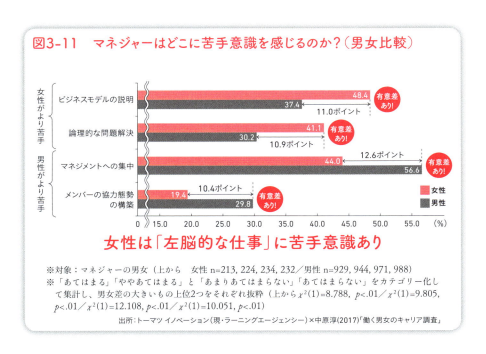

上の典型的な壁に苦しんでいることがわかります。

一方、女性マネジャーは「**ビジネスモデルの説明**」(差11.0ポイント)、「**論理的な問題解決**」(差10.9ポイント)などに苦手意識を抱いています。「事業などの強み・弱みを構造的に把握し、それを分析的に説明することができない……」「問題の本質や原因を追求し、論理的に戦略を立てるのが苦手……」――そういった悩みを持っている人が、女性マネジャーには顕著に見られるのです。

マネジャーとなる女性のためにプレビューやフォローアップを行う場合には、これらの点を意識するといいでしょう。

女性は「もともと」戦略が苦手なのか?

以上のような相違を踏まえると、本節冒頭でご紹介した「女性は"左脳的な仕事"が苦手」という表現も、意外と的確なのかもしれません。とはいえ、リサーチの結果として前述のような男女差が出ていても、それは男女が"生物学的に"そうした違いを持っているということにはなりません。

僕が企業で働く人たちと会話をしていても、「**女性はもともと左脳的な思考が苦手な生き物。ロジックでは男性にかなわない**」「**外に出て売上をとってくるのは男性が得意。女性は細やかさが求められる内勤業務に向いている**」というような意見を耳にすることがあります。しかも、こうした声は男性からだけではなく、女性からも聞かれるのです。

僕は「男女の能力がまったく同じだ」と主張したいわけではありません。むしろ、仕事の「能力」だけを測定した場合には、女性のほうが高いとする研究もあるくらいです(Eagly et al. 1990; 1995; 2003*41)。女性が実際に戦略やロジックの面で劣っているのか(それとも優れているのか)は、現在の研究では意見が分かれています。

ここではより踏み込んで、僕なりの仮説を提唱しておきましょう。すなわち、「左脳的な仕事に対する女性の苦手意識の根底には、教育や環境、そして職場などのなかで、社会的に構成されてきた**無意識のバイアス**（Unconscious Bias）があるのではないか」という考え方です。

つまり、「女性は左脳的な仕事が苦手だ」という思い込みが、「女性の能力発達」を妨げているのではないかということです。94ページで見たように、自分の能力に対するセルフイメージこそが「現実」をつくりだしているという側面があるのではないかと思います。こうした思い込みが強固である場合には、当然のことながら女性には「場数（機会）」が与えられません。もしそうなのだとすれば、この場数の少なさこそが問題なのではないでしょうか。

たとえば、男性は「競争」などを好み、女性は「社会的なつながり」を重視するといったことは、国際的なリサーチでも明らかにされています（Croson and Gneezy 2009[*42]）。一方で、母系社会と父系社会の２つの部族を比較した研究では、母系社会の部族に属する女性のほうが、父系社会の部族の男性よりも「競争」を好むといった報告もあります（Gneezy et al. 2009[*43]）。

だとすれば、**「女性は競争を好まない」という通説は、生物学的な性差に由来するものではなく、あくまで社会や文化のなかで“つくられた”もの**なのではないでしょうか。女性の戦略構想に対する苦手意識も、これと似たものなのではないかと思います。

では、なぜ左脳的な仕事に対して、女性マネジャーはそんなに身構えてしまうのか？

その参考になるのが次ページのデータです。目標達成のための戦略や論理思考に基づいた問題解決などを求められることが多い「事業部門」（バックオフィス業務「以外」の部門）に所属しているスタッフの男女比をグラフにしました（図3-12）。

ご覧のとおり、スタッフ期の段階で、女性より男性のほうがより多く事業部門に割り当てられており、そこには7.2ポイントの男女差があります。

図3-12　事業部門に所属している人の割合（男女比較）

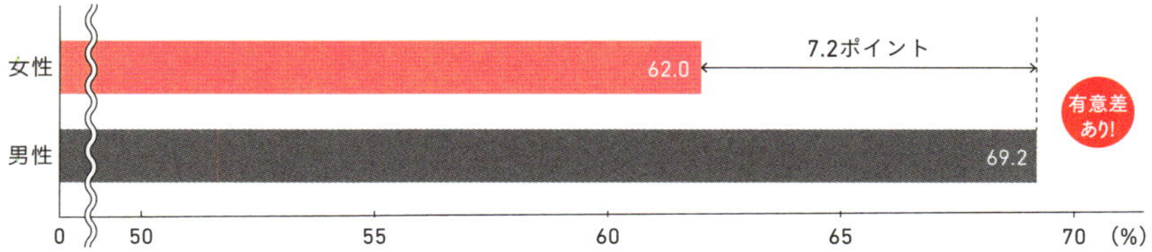

女性マネジャーの苦手意識は
若い頃からの「場数」が足りないせい？

※対象：スタッフの男女（女性 n=979／男性 n=1262）
※現在所属する部署の役割の質問に対し「事業部門」と回答した人の比率を集計・分析（$\chi^2(1)=12.652, p<.001$）

出所：トーマツ イノベーション（現・ラーニングエージェンシー）×中原淳（2017）「働く男女のキャリア調査」

この状況を踏まえると、**戦略やビジネスモデルの構築などに早期から触れる機会が少ないため、女性たちはそれらを過度に難しい仕事だと見なしてしまっている**可能性は十分ありそうです。

98ページで触れた「経験学習サイクル」の話を覚えていますか？　人が自信を持つためには、「具体的な経験」とそれに基づく「振り返り」を通じた「学び」の体験が欠かせません。

だとすると、インポスター症候群にとらわれていたスタッフ期の女性が、リーダーやマネジャーになった途端にそれを克服していったのと同様、実際に**具体的な戦略に触れる機会を増やすだけで、女性マネジャーの戦略構想に対する苦手意識も容易に解消していった**としても不思議ではありません。

また、経験学習だけに頼るのではなく、ビジネススクールや研修といった座学の機会を活用することも大切です。最近では、育児休暇中の女性を対象にした「育休プチMBA勉強会」などの勉強会も登場しています（国保2018[*44]）。外部リソースなどもうまく活用しながら、女性が「左脳的な仕事」への苦手意識を克服する支援を行っていきましょう。

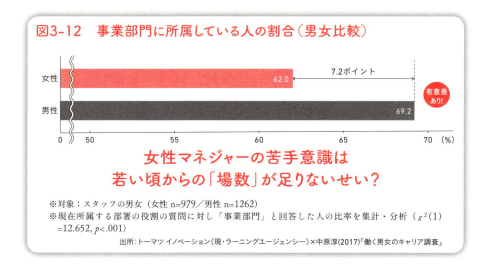

REFLECTION

　このチャプターで学んだことを踏まえて、もう一度、冒頭のクイズに関して振り返りをしてみましょう。決してこれは「答え合わせ」ではありません。ここの内容も踏まえつつ、職場のメンバーとの「対話」に役立ててください。まずは念のために問題をおさらいしておきます。

QUESTION 03

部長さん

相田さんのがんばりを評価して、来期からマネジャーをやってもらうことになりました。求められる成果や責任は大きくなりますが、給与面も含めて得るものも多いですよ。というわけでお願いしますね。

？

**ところが相田さんは「すみません……
辞退させてください」と断ってしまいました。
部長さんはどんなところに気をつけながら
昇進を伝えるべきだったのでしょう？**

　女性がマネジャーへの昇進を受け入れるとき、カギになっているのが「上司による説得」です（141ページ）。そこでご紹介したのが、「なぜあなたにマネジャーをやってほしいのか？」を伝えるときの4ステップでした（145ページ）。これを思い出しながら、伝え方を工夫してみましょう。

NG 「相田さんのがんばりを評価して」

POINT 「なぜマネジャーになってほしいか？」の理由は具体的に

▶女性には「なぜ私が選ばれたのか？」の理由（Why me?）を求める傾向があります。理由を伝えるときは「がんばり」のような漠然としたものではなく、今後のマネジャーとしての自信につながるような、具体的なエピソードにも言及するようにしましょう。

NG 「給与面も含めて得るものも多いですよ」

POINT メリットではなく、サポート体制が求められている

▶男性はもともと昇進意欲が高く、給料アップや権限拡大といった見返り（Give me!）をポジティブに受け止めます。一方、女性は「周囲からの嫉妬」や「女王バチ症候群」などにも敏感なため、昇進のマイナス面にも目が向いています。昇進後にもしっかりとサポートをする用意があることを伝えて、本人を少しでも安心させる努力をしましょう。

NG 「やってもらうことになりました」

POINT 一方的な「通達」はダメ。意向確認に基づいた「対話」を！

▶大切なのは、本人にも昇進を納得してもらうことです。人事を無理やり押しつけるのではなく、本人の意向も確認しながら、どのような心配を抱いているのかについて、必ず話し合う機会をつくりましょう。場合によっては、説得のために時間をかける必要があります。

COLUMN

女性マネジャーが「できる女性」の仮面を捨てる理由

女性に見られる「自信のなさ」、いわゆるインポスター症候群（自分の能力・成果を低く評価してしまう傾向）は、非常に根が深い問題ではないかと書きました。自信を持つための「経験の機会」が与えられていないという問題があるのはもちろんですが、「女性は目立たないほうが得」という損得勘定（戦略的無能）が成り立ってしまう職場環境も、僕たちは見直していかなければなりません。

さらに、これら２点とは少し違う観点で、女性のインポスター症候群を見ることもできると思います。女性リーダーは「コミュナル」かつ「エージェンティック」という２つのステレオタイプの板挟みになりがちだと指摘しましたが（135ページ）、このダブルバインドをかいくぐるための手段として、「自信のなさ」を“利用”しているのではないか、あるいは、男性中心の組織文化のなかで、「自信のなさ」を利用せざるを得ないのではないか、という仮説です。これだけだとよくわからないと思いますので、ある女性リーダーのエピソードに沿ってご説明しましょう。

Ｋさんはリーダーになりたての頃、メンバーたちが思うように動いてくれずかなり悩んでいたそうです。周囲から信頼されようと思って、「できる女性」をがんばって演じていたものの、メンバーたちの反応はいまひとつで、どこか反発すら感じたと言います。仕事の進捗が芳しくないときは、Ｋさん自らが動いてしまうことも多く、ますますチーム内にはシラけたムードが漂うようになりました。

そこで彼女は大きくやり方を変えました。「できる女性」の仮面をとり、「ちょっと困っているから、○○さんに助けてほしいの。お願いします」と依頼する形へとリーダーシップを切り替えたのです。これが功を奏し、チームの空気がガラッと変わったといいます。

こうした依頼型リーダーシップを採用することで、メンバーや社内での衝突や葛藤を避けている女性リーダー・マネジャーの話はよく耳にします。たとえ本人に能力があっても、それを露骨に見せてしまうと、「周囲からの嫉妬」を引き起こしたり、さらに上位の「女王バチ」から攻撃を受けたりする可能性が出てきます。そのことをある時点で「学習」した女性たちは、「できる女性」の顔を隠して、「周りに助けてもらう人」へとペルソナを変えているのです。Kさんの言葉をご紹介しましょう。

「マネジャーになってからは、嫉妬されないように、いつも気をつけるようにしました。周りにしっかり感謝を伝えるのはもちろんですが、ちょっと大袈裟なくらいに無能さをアピールしていた部分もあったかもしれません。でも、そのほうが、チームがうまく回るようになったんですよね。これはあとから気づいたことですが、優秀な先輩リーダー・マネジャーの女性たちも、これを意識していると思いますね」

153ページで女性の戦略的無能をご紹介しましたが、こちらはまた先ほどとは異なった意味での戦略的無能だと言えそうです。リーダーやマネジャーとなった女性は、男性中心の組織文化をサバイブするために、多少の無理をしながらあえて無能を「演じて」いると見ることもできます。このような行動は、一歩間違えば感情労働（内面的な感情の切り売りを伴い、ストレスを生じさせる労働）にも転化しかねません（Hochschild 1983[*45]）。

いずれにしても、重要なことは、女性が無理なく働ける職場環境をいかに構築するか、ということに尽きると思います。

CHAPTER 4

育児と仕事を両立するには？

ワーママ期

QUESTION 04

山田くん、昨晩も遅くまでがんばって
くれていたみたいだけど、
××商事向けの提案書は
昨日までに仕上げる約束だろう？

ええっ？ 昨日お子さんの
急な発熱で小島さんが
早退するから、「代わりに
リサーチ資料を頼む」
って言ったのは
部長じゃないですか!?

……

部長さんのひと言で
山田くんも小島さんも
不満そうな顔をしています。

部長さんはどんなことに
気をつけて今後の
職場づくりを行っていけば
いいでしょうか？

TOPIC 15

ワーママ女性は「離職予備軍」なのか？

子育て女性を取り巻く「思い込み」

なぜワーキングマザーだけを特別視するのでしょうか？

さて、いよいよ最後のステージ、ワーキングマザー（以下、ワーママ）の働き方を見ていきます。とはいえ、当事者のアクションだけを取り上げていても、ワーママの働き方の改善にはなかなかつながりませんから、本書では「ワーママ以外」のところにも焦点を当てていきます。ワーママの問題を考えるときには、ワーママの職場にいる人（たとえばワーママの上司や同僚）や、ワーママがともに暮らす家庭のパートナー（身近な存在）を考慮に入れて、そうした人々との「つながり」を考えていく必要があります。まずはデータを眺めながら、この立場にある女性たちがどのような葛藤を感じているのかをたしかめましょう。

「続けたい気持ち」はワーママが最も高い

すでに見たとおり、日本におけるM字カーブは解消に向かいつつあり(29ページ)、出産後に仕事を続ける女性の比率は今後も増えていくでしょう。**人材不足のトレンドが長期化することを考えると、ワーママが働き続けられる職場づくりは、マネジャー・人事担当者・経営者が本気で取り組むべき課題**です。

最近では見直しが進んでいるものの、かつて女性がワーママの道を選ぶことは「出世コースから外れること」を意味していました（ひょっとしたら「ウチの会社にはいまだにそんな風潮がある！」という方もいるかもしれません）。女性が産休・育休を取得すると、「多数派」がたどるのとは別の脇道、昇進・昇格・昇給などとは縁の遠いキャリアコース（いわゆる**マミートラック**）に入るという考え方です。

でも、子育て女性はいつ辞めるかわからないし……

同じことを感じた人はいらっしゃいますでしょうか？　「ワーママは離職予備軍」――これは大きな誤解です。ワーママの「現在の職場での継続意欲」を見てみましょう（図4-1）。

図4-1　「現在の会社で仕事を続けたい」と思っている人の割合（ワーママ・男女比較）

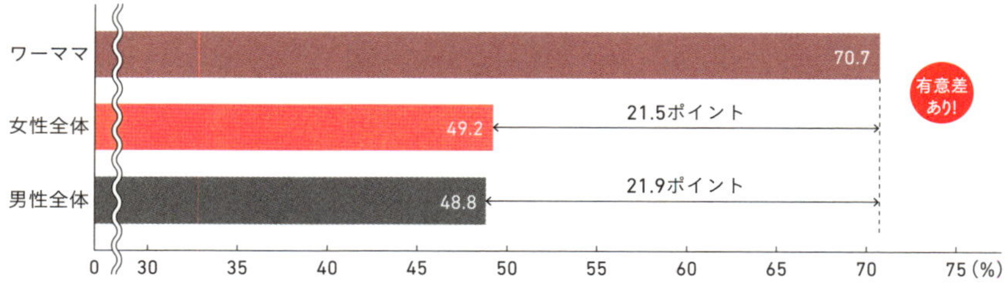

「いまの職場で働き続けたい」と思うワーママが圧倒的に多い

※対象：スタッフの男女。「現在子どもがいる」と回答した女性を「ワーキングマザー」とした（ワーママ n=157／女性 n=948／男性 n=1178）

※質問「現在、あなたは、現在の会社で働き続けたいと思っている」に対して回答「あてはまる」「ややあてはまる」を選んだ人の比率（$\chi^2(1)=14.0, p<.001$）

出所：トーマツ イノベーション（現・ラーニングエージェンシー）×中原淳(2017)「働く男女のキャリア調査」

現在の会社で仕事を続けたいと思っている人は、男性全体で48.8%、女性全体で49.2%とほとんど違いはありません。しかし、**ワーママだけに絞ると、なんと7割の人が「いまの職場で働き続けたい」と思っている**ことがわかります。就業継続意欲の点では、ワーママは突出しているのです。

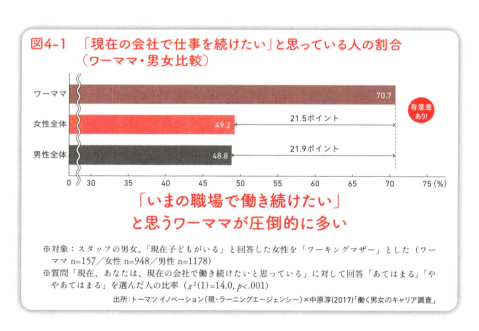

日本のワーママは「ガマン」をしている!?

では、なぜワーママの就業継続意欲は高いのでしょうか？

これには２つの説明が可能です。

１つはごくシンプルな理由として、**ワーママの道を選択している時点で、仕事に対する意識がある程度高い**ということが考えられます。逆に、いまの職場で継続したいと思えない女性は、出産・育児を機に離職するパターンが多いでしょう。そのフィルタをくぐり抜けた女性たちが、いまの職場に対して前向きな態度を取っているのは、当然と言えば当然です。

７割のワーママが、いまの職場に
"満足"しているとは……すばらしい！

そう結論づけるのはちょっと気が早いかもしれません。ワーママの就業継続意欲が高くなる理由として、第２に考えられるのが**スイッチングコスト**の問題です。ワーママは既存の仕事に加えて、育児というもう１つの変数をコントロールしなければなりません。ここで転職してしまうと、さらに新しい職場への適応という別のコストが発生します。

転職で得られるメリットがこの総コストを上回っていないのに、あえて職場を変えるという選択をする人は決して多くはないでしょう。たとえワーママに対する支援が不十分な職場で、大きな不満を抱えていても、彼女たちは「いまの職場で働き続けたい」と**回答せざるを得ない**わけです。

ある調査（Lee and Ono 2008[*46]）によれば、日本人男性・日本人女性・アメリカ人男性・アメリカ人女性のうち、**人生における幸福度が最も低いのは日本人女性**だと言われています。しかも、仕事をしている女性（専業主婦でない女性）ほど不幸で、子どもがいるとさらに幸福度が低くなります（衝撃的なデータですね……）。

ワーママは一定の不満を抱えながらも、やむを得ずにいまの職場で働き続けているのかもしれません。ワーママは仕事の継続に対して前向きである半面、かなり我慢をしているようにも解釈できます。

とはいえ、ワーママ社員たちがほかの女性社員以上に「いまの職場で働き続けたい」と感じているのは動かしがたい事実です。マネジャー・人事担当者・経営者は、ワーママ社員のこの思いを汲み取り、彼女たちにとって望ましい職場の実現に向けて、知恵を絞っていく必要があります。

「両立バイアス」を抜け出そう

ワーママの支援という話になったとき、必ず出てくるのが**仕事と育児の両立**というテーマです。これについては、ワーママたちにズバリ聞いたデータがありますので、まずはこちらをご覧ください（図4-2)。

このとおり、「両立できている」と感じているワーママは36.8%にすぎず、**残りの6割以上（63.2%）のワーママは「仕事と育児を両立できていないな……」というやりきれない思いを抱えながら仕事をしています。**

図4-2　仕事と育児、「両立」できていますか？

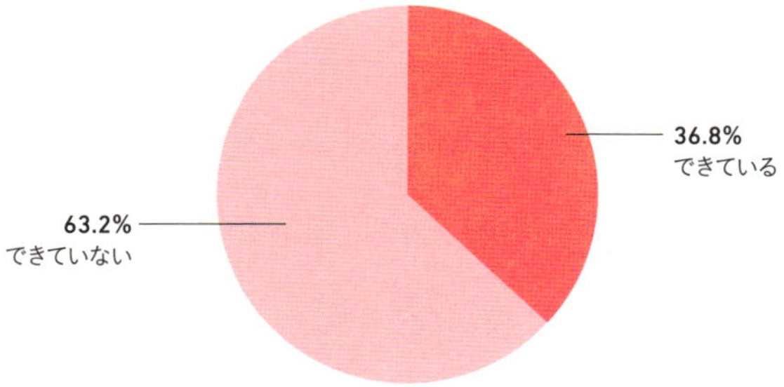

10人中6人以上のワーママが「仕事との両立」に課題を抱えている

※対象：ワーママ（n=500）
※質問「あなたは、仕事と育児の両立が上手くできていると感じている」に対して回答「あてはまる」「ややあてはまる」を選んだ人の比率を集計

出所：トーマツ イノベーション（現・ラーニングエージェンシー）×中原淳(2017)「職場の働き方調査」

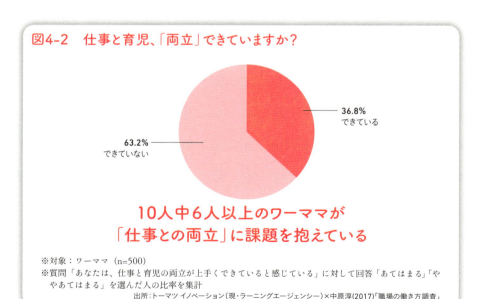

「子どもの保育所・幼稚園の送り迎えがあるせいで、業務のための時間をなかなか確保できない……」「子どもがよく熱を出すので、チームのメンバーにいつも迷惑をかけていて申し訳ない……」などと悩んでいる人もいるでしょう。
あるいは逆に、「いつも仕事が長引いて子どもにさみしい思いをさせている……」「仕事と育児の板挟みから、家族の前でついイライラしてしまう……」などの理由で、自己嫌悪に陥っている人もいるかもしれません。

仕事と育児の両立と言っても、
実際にやろうとすると簡単ではないですよ

失礼しました！　僕もうっかりこの言葉を使ってしまうことがありますが、そもそも**「仕事と育児の両立」というトピック自体に、ジェンダーバイアスがかかっている**のです。
「仕事と育児の両立ができていますか？」という質問は、「共働き家庭の男性」にも投げかけられていいはずなのに、男性にそんなことを聞く人はほとんどいません。僕の家庭は典型的な共働き家庭ですが、男性である僕に「中原さんは、仕事と育児を両立できていますか？」などと聞いてきた人は、いまだかつて一人もいません。
しかし妻のほうでは、事態は異なるでしょう。ここには激しいジェンダーバイアスが隠れています。もちろん、僕自身もこうした現状を放置しておいていいとは思いません。妻とよりよく家事・育児を分担していくためには何が必要かについては、日頃から考えています。

ここでちょっと立ち止まって思い起こしていただきたいのは、すでに述べた椅子の発想です（64ページ）。
「仕事か育児か」という二項対立で考えている限り、必ずそこには無理が生まれます。２本脚の椅子に座っているような働き方は、決して持続可能ではありません。

「仕事と育児のバランスをどうするか？」ではなく、「仕事“も”育児“も”もあたりまえに行える職場をどうつくるか？」「そのために、職場の上司・同僚・人事・経営、そしてパートナーや家族に何ができるか？」というように、**第3の項目**を組み込んだ問いを発してはじめて、無理せずに持続していける、安定感のある答えを探っていけるのです。

TOPIC 16

ワーママ女性の「成果」を高める要因とは？

育児がもたらすメリットとデメリット

ワーママの道を選んだのは自分。
だから周りに迷惑はかけたくない！

職場づくりが大切だという議論に対して、こんな思いを持っているワーママも少なくないのではないでしょうか？　責任感が強い人ほど、自分で負担を抱え込んでしまいがちです。子育てをしながら仕事で成果を上げるためには、どんなアクションが必要なのかを考えながら、ワーママ本人のがんばりがどこまで有効なのかについても見ていくことにしましょう。

睡眠時間を削るのは逆効果

うちの妻は子どもを寝かしつけたあとに、
持ち帰った仕事をやっています

どうしても勤務時間中に仕事が終わらず、実際に仕事を持ち帰っているワーママも多いのではないでしょうか？

育児をしながら仕事を進めるうえで、いちばんの課題になるのが「時間」です。**ワーママは仕事のための時間とどのように向き合っているのでしょうか？**

未就学児（0～5歳）の子どもを持つワーママの、生活時間に関する調査の結果をご紹介しましょう（図4-3）。

図4-3　子育てと仕事を両立するために、「削らざるを得ない時間」は何ですか？

順位	削らざるを得ない時間	割合(%)
1位	睡眠時間	40.5
2位	子どもとのふれあい時間	23.8
3位	身じたくの時間	22.0
4位	友人とのつき合い時間	20.3
5位	趣味時間	19.0

4割のワーママが「まず睡眠を削る」と回答

出所：シチズンホールディングス 2015*47（一部を改変）

ご覧のとおり、「削らざるを得ない時間」第1位には「**睡眠時間**」（40.5%）が来ており、睡眠時間を削るという解決策は、誰もがまず思いつく答えであることが見て取れます。しかし、睡眠を削ることは、本当に仕事にとってプラスになるのでしょうか？

僕たちの調査では、これには明確に「ノー」の答えが出ました。次ページのデータは、ワーママの「仕事の成果」に影響を与えている「働き方」をランキング形式で示したものです（図4-4）。

第3位「育児と仕事を両立するために睡眠時間を削っている」にご注目ください。これは「睡眠時間を削ってがんばっている人ほど、仕事で成果が上がっている」ということではありません。**影響度（β）がマイナスになっていますので、「睡眠時間を削っている人ほど、成果が低くなっている」ということを意味しています。**

図4-4 ワーママの「成果」に影響する「働き方」とは?(ワーママ本人の目線)

順位	項　目	影響度(β)
1位	メンバーの状況や得意な仕事を把握し、適切な人に仕事を頼んでいる	.167**
2位	時間内での仕事の効率を高める努力をしている	.127*
3位	育児と仕事を両立するために睡眠時間を削っている	−.111*

ワーママの「睡眠を削る」はマイナス影響

※対象:ワーキングマザー(n=500)

※統制変数に「年齢、業種、社会人歴、会社規模、未既婚」をダミー化して投入した。独立変数を「自分一人で仕事を抱え込まないようにしている」「時間内での仕事の効率を高める努力をしている」「出来る限り仕事を前倒しにしている」「育児の状況や苦労を積極的に仲間に開示している」「職場に協力してもらえるよう積極的に働きかけている」「自分でなくてもできる仕事は職場の仲間に頼むようにしている」「できるだけ多くのメンバーに仕事を頼めるよう、日ごろから関係を良好にしている」「職場メンバーからの信頼感を高めるよう、日ごろから努力している」「困ったときに職場のメンバーになるべく早く助けを求めている」「職場のメンバーに自分の仕事の状況を共有している」「メンバーの状況や、得意な仕事を把握し、適切な人に仕事を頼んでいる」「他人に仕事を頼むときに仕事の全体像・理由・納期などを適切に説明している」「他人に仕事を頼むときには感謝の意を伝えている」「育児と仕事を両立するために睡眠時間を削っている」「育児と仕事を両立するために職場への気遣いをしている」「仕事を頼んだ時に、職場メンバーは快く引き受けている」とし、「仕事で思ったとおりの成果が出ている」を従属変数とした重回帰分析を行った(Adjusted R^2=.163/**は1%有意水準、*は5%有意水準を表す)。

出所:トーマツ イノベーション(現・ラーニングエージェンシー)×中原淳(2017)「職場の働き方調査」

かつては僕もまさにこのパターンでした。僕はワーキングマザーではありませんが、自らの共働き育児経験から、これには心底共感できます。わが家には11歳と4歳の男の子がいますが、上の子が3歳くらいのころまでは、彼を寝かしつけたあとに、夜中遅くまで研究をしていたものです。

しかし、いくら睡眠時間を短くしても、日中の効率が下がりますから、根本的な解決にはつながりません(いま振り返るとよくわかります)。

この悪いサイクルを抜け出せずにもがく日々を送っていましたが、あるときから、子どもと一緒に21時には就寝するようにし、早朝に起床して仕事を片づけるライフスタイルに切り替えました。「朝5時に起きて、夜9時には寝てしまうライフスタイル」へと大きく変更して以来、僕の仕事の状況は大きく改善されました。

そんな経験があるため、「育児と仕事の両立のために睡眠時間を削る」が

「仕事の成果」に対してマイナス影響を持つというのは、僕個人の実感としてもよくわかります。

育児を経験すると、仕事力が上がる？

「時間内での仕事の効率を高める努力をしている」（影響度$\beta = .127$）がワーママの成果を規定する要因の第２位に来ているのもうなずけます。ワーママが仕事に使える時間は限られており、しかも睡眠を削って無理に時間を確保しようとするわけにいかないのだとすると、**単位時間あたりの仕事量、いわゆる「生産性」を高めるという発想**になるのは当然でしょう。

ワーママ体験は仕事にもプラスでした。
以前は本当に生産性が低かったと思います

実際、「出産・育児を機に仕事のやり方が大きく変わった」という話をよく耳にします。
「かつてはやりがいを重視して、自分がやりたいように、とことん仕事をしていたが、育児に伴う時間的な制約ができたことで、効率化の意識が高まった」という女性もいましたし、なかには「子どもが生まれてはじめて『定時』を意識するようになった」という声さえありました。

残業できないことへのストレスよりも、限られた時間内にパフォーマンスを上げるという一種のゲーム性が加わるので、仕事に集中できるようになるといった効用もあるようです。

これにも僕は非常に共感を覚えます（ワーキングマザーではないのに、勝手に共感ばかりしていてすみません）。僕も子どもが生まれる以前は、午前の講義がない日であれば、少し遅めに研究室にやってきて、深夜過ぎまで論文を書いたり、先行研究を調べたりというのが、あたりまえの生活スタイルでした。

一方、保育所への送り迎えや食事当番など、子ども関連の予定が入ってくるようになると、そんなやり方はまず通用しません。前の日の晩にはスケジュール帳とにらめっこしながら、「この２つのアポのあいだで執筆しよう」「朝イチには研究室に立ち寄れそうだな」というふうに、以前とは比較にならないほど時間の使い方を工夫するようになったのです。

育児は不測事態の連続です。子どもが急に熱を出したり、体調を崩したりして、仕事相手に迷惑をかけることを繰り返していると、「どんな仕事も予定どおりにはいかないのだ」という一種の“悟り”が生まれてきます。

そこで、ワーママたちが出す答えが、**不測の事態を見越してバッファを設けておくという方法**です。要するに、仕事を「前倒し」して進めておくことで、いざというときの保険をかけるのです。

ワーママの「がんばり」は周囲には伝わらない？

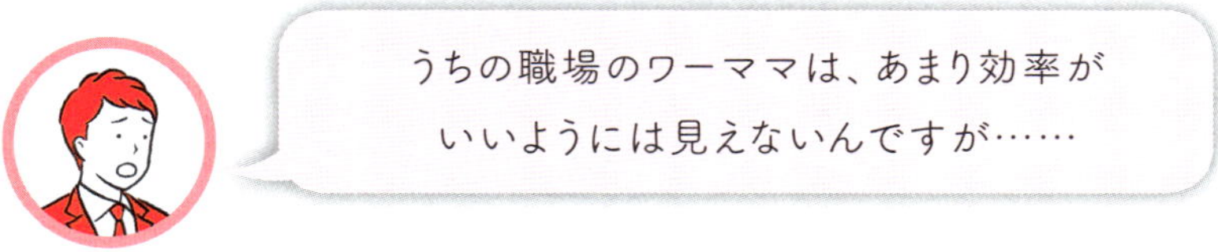
うちの職場のワーママは、あまり効率がいいようには見えないんですが……

以上のように、ワーママにとっての育児体験は、本人の生産性にプラス作用をもたらす可能性があります。

一方で、**ワーママ本人は一生懸命に仕事の進め方を工夫し、最大限に効率化に努めているつもりでも、いざ周りから見ると……**ということはよくあります。

ワーママだけでなく、スタッフやマネジャーにも「ワーママによる仕事の前倒し・効率化」について聞いたところ、それを裏づけるような認識ギャップが明らかになりました（図4-5）。

ワーママのみなさんにはとてもショッキングなデータですが、本人の「がんばり」は、いまひとつ周囲には伝わっていないようです。38.6%のワー

図4-5　ワーママによる「仕事の前倒し・効率化」の認識ギャップ

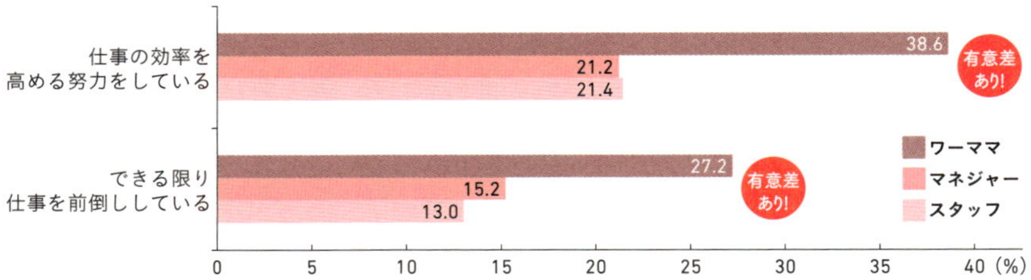

**ワーママの「がんばり・工夫」は
周囲にはなかなか伝わらない……**

※対象：ワーママ n=500／マネジャー n=500／スタッフ n=500
※各質問に対して回答「あてはまる」を選んだ人の比率を集計・分析。マネジャーは部下の、スタッフは同僚のワーママに対する評価を回答（上から $\chi^2(1)=181.32, p<.001$／$\chi^2(1)=50.53, p<.001$）

出所：トーマツ イノベーション（現・ラーニングエージェンシー）×中原淳(2017)「職場の働き方調査」

ママが効率をあげようと奮闘しているのに、周りで働いているスタッフやマネジャーのうち、それをわかっているのは20%ちょっとであり、**残り8割近くは「ワーママが効率化をしている」とは思っていません。**

「前倒し」についても同様で、ワーママの27.2%に対して、マネジャーは15.2%、スタッフは13.0%という具合に、はっきりと認識のギャップが見て取れます。

とはいえ、ワーママ個人の「がんばり」に不足があると言いたいわけではありません。育児というハードルが、本人の創意工夫を生み出すうえで、いいきっかけを与えているという面はあります。しかし一方で、ワーママのパフォーマンスを最大化していくうえでは、効率化や前倒しといった「**自らがんばるモード**」だけでは不十分なのです。

わが家では「パパデー」という習慣があります。下の息子の幼稚園の送り迎え、夕食の準備、お風呂&寝かしつけなど、すべての育児を僕が「ワンオペ」で担当するのが「パパデー」です。

パパデーにはいろいろなことが起こります。「大事な打ち合わせが入っているときに限って子どもが熱を出す」といった“あるある”は僕も何回も経

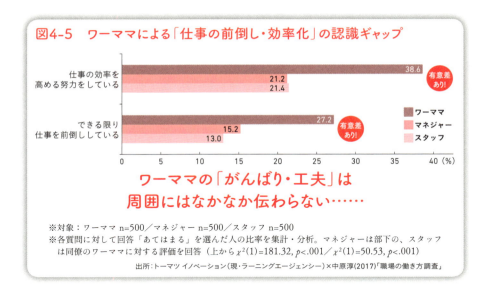

験しており、こういうときには「個人のがんばり」だけではどうにもなりません。研究室メンバーに助けてもらったり、パートナー企業のみなさんに柔軟に対応いただいたりと、**周りのサポートに頼らざるを得ない**のです。

ここで、図4-4（175ページ）のランキング第1位に来ていたのが、「**メンバーの状況や得意な仕事を把握し、適切な人に仕事を頼んでいる**」（影響度 $\beta = .167$）だったことを思い出してください。ここからも推察されるとおり、成果を上げているワーママは、自分のがんばりだけでなんとかしようとせず、職場のサポートをうまく活用しています（**他人を頼るモード**）。

ワーママが周囲に助けを求めやすい職場環境をつくることこそが、マネジャーや同僚、さらには人事担当者・経営者が向き合うべき本来の仕事なのです。

TOPIC 17

ワーママ女性は「助け」をなぜ求めない?

育児にまつわるヘルプシーキング行動

「他人に頼ればいい」って気軽に言いますけど、ワーママの身にもなってください!

彼女たちが持続的に成果を上げるためには、「自らがんばるモード」と並行して、「他人を頼るモード」が欠かせません。
しかし、「他人を頼る」という行動には、じつはさまざまなハードルがあります。就業継続意欲の高いワーママたちが、苦しい状況を一人で抱え込まないために、マネジャーはどんなことに注意するべきでしょうか?

ワーママの成果を決める「ヘルプシーキング行動」

ワーママの成果に影響を与える要因を「ワーママの目線」から検証しました。

では、同じことを「マネジャーの目線」で見てみると、結果はどのように変わってくるのでしょうか? **マネジャーたちは、どんな働き方をしているワーママを高く評価しているのでしょうか?**

ワーママの成果に影響を与える働き方について、マネジャーの目線で分析をしてみました。次ページをご覧ください(図4-6)。

図4-6　ワーママの「成果」に影響する「働き方」とは？（マネジャーの目線）

順位	項　目	影響度（β）
1位	仕事を頼んだときに、職場メンバーは快く引き受けている	.226***
2位	職場メンバーに自分の仕事の状況を共有している	.133*
3位	職場メンバーに協力してもらえるよう積極的に働きかけている	.119*

「ヘルプシーキング行動」のしやすさ
がワーママの成果を規定する

※対象：マネジャー（n=500）が部下のワーママを評価
※統制変数に「年齢、業種、社会人歴、会社規模、未既婚」をダミー化して投入した。独立変数を「自分一人で仕事を抱え込まないようにしている」「時間内での仕事の効率を高める努力をしている」「出来る限り仕事を前倒しにしている」「育児の状況や苦労を積極的に仲間に開示している」「職場に協力してもらえるよう積極的に働きかけている」「自分でなくてもできる仕事は職場の仲間に頼むようにしている」「できるだけ多くのメンバーに仕事を頼めるよう、日ごろから関係を良好にしている」「職場メンバーからの信頼感を高めるよう、日ごろから努力している」「困ったときに職場のメンバーになるべく早く助けを求めている」「職場メンバーに自分の仕事の状況を共有している」「メンバーの状況や得意な仕事を把握し、適切な人に仕事を頼んでいる」「他人に仕事を頼むときに仕事の全体像・理由・納期などを適切に説明している」「他人に仕事を頼むときには感謝の意を伝えている」「育児と仕事を両立するために睡眠時間を削っている」「育児と仕事を両立するために職場への気遣いをしている」「仕事を頼んだ時に、職場メンバーは快く引き受けている」とし、「仕事で思ったとおりの成果が出ている」を従属変数とした重回帰分析を行った（Adjusted R^2=.593／***は0.1%有意水準、*は5%有意水準を表す）。

出所：トーマツ イノベーション（現・ラーニングエージェンシー）×中原淳(2017)「職場の働き方調査」

結論から申し上げれば、「他人を頼るモード」に関してかなりはっきりした傾向が見られます。マネジャー目線では、周囲に助けを求めている、つまり**ヘルプシーキング行動**（Help-seeking Behavior：援助や支援を求める行動）をしているワーママほど、成果を出していると言えそうです。

逆に、ワーママ目線の第2位に来ていた「時間内で仕事の効率を高める努力をしている」のような「自分でがんばるモード」の項目は、上位3位には来ていません。

子どもの急な体調悪化や保育所・幼稚園の送り迎えなど、“不測の事態”の連続であるワーママには、どうしても周囲の人に仕事を助けてもらわざるを得ない場面が出てきます。

不測の事態そのものは、ワーママ本人にはコントロールできませんから、むしろそれが起きたときの「助けを求める行動」が成果に影響するということでしょう。

「困ったら言ってね」では意味がない!?

「ふだんから一人で仕事を抱え込まず、自分の仕事状況を職場メンバーにしっかり共有しておき（第2位：影響度β = .133）、周囲のサポートが必要だということを伝えておくことで（第3位：影響度β = .119）、いざ助けを求めたときに、周りが進んで助けてくれる（第1位：影響度β = .226）」——これが理想的なワーママの働き方です。

このようなワークスタイルは、ワーママ目線の第1位に来ていた「メンバーの状況や得意な仕事を把握し、適切な人に仕事を頼んでいる」（175ページ）にも通じるところがあるでしょう。

「この仕事はIT関連に強いAさんにお願いしたほうがいいな……」「Bさんは今週かなり忙しいから、Cさんに頼もう！」という具合に、適切な人に適切なタイミングでヘルプシーキングできるかどうかも、ワーママの成果を左右します。

ぜひワーママのみなさんは周りに
ヘルプを求めてほしいですね！

そのとおりなのですが、**ヘルプシーキングできるかどうかを、「ワーママ個人の努力」に委ねてしまっては元も子もありません**。

実際、「困ったら遠慮なく言ってね」と上司から言われて、モヤモヤした気持ちになったことがあるワーママも多いのではないでしょうか？　ヘルプシーキングにはそれなりの知識・技術が必要になりますし、仕事割り当ての権限がないワーママは、いざ困ったことになっても、なかなか自分から他人に仕事をお願いするわけにはいきません。

調査データを見てみても、「ヘルプシーキングを実践できている」という自覚がある女性は、ごく一部でした（図4-7）。

図4-7　周囲に協力を呼びかけているワーママの比率

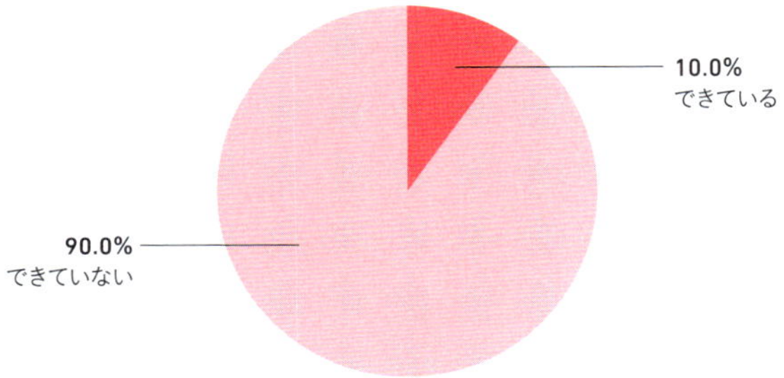

ヘルプシーキングに困難を感じるワーママが大多数

※対象：ワーママ n=500
※質問「職場の仲間に協力してもらえるよう積極的に働きかけている」に対して回答「あてはまる」を選んだ人の比率を集計
出所：トーマツ イノベーション（現・ラーニングエージェンシー）×中原淳（2017）「職場の働き方調査」

「職場の仲間に協力してもらえるよう積極的に働きかけている」と答えたワーママは、なんとわずか10.0％でした。残りの９割はヘルプシーキングそのものに課題を感じています。端的に言えば、「**ワーママ一人ではヘルプシーキングなどできない**」のです。

マネジャーは、ヘルプシーキングの責任をワーママ一人に押しつけるようなことがあってはいけません。ワーママの心理を理解し、彼女たちが周囲にサポートを求められるような雰囲気や仕組みをつくっていく必要があります。

多様な働き方を求める人々が働きやすい職場をつくるために、上司にはさまざまな工夫が求められます。たとえば、誰がどのくらい忙しいかの情報が共有されていれば、ワーママ自身でもヘルプを頼む人を選びやすくなります。さまざまなツールやミーティングによって、**メンバーたちの負荷状況を「見える化」する**のも一つでしょう。

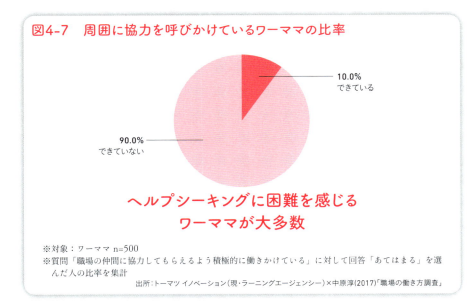

TOPIC 18

ワーママ女性は「ラク」をしたいのか？

子育て女性の「ニーズ」と「認知ギャップ」

ワーママにはヘルプのいらない「軽い仕事」だけをやってもらえばいいのでは？

ワーママが持続的に成果を上げていくうえでは、周囲にサポートを求めていくヘルプシーキング行動が必要です。しかしワーママは、助けが必要になるほど負荷の高い仕事をやりたがっているのでしょうか？子育てをしながら働く女性に仕事を任せるとき、マネジャーが知っておきたいことを見ていきましょう。

「軽い仕事だけ」は逆効果の可能性も！

ワーママがヘルプシーキングでつまずくとすると、「**周りの助けが必要ない程度に仕事量を調整すればいいのでは？**」と考える人もいるかもしれません。

とくに上司自身に育児経験がないと、ワーママ部下が抱える子育ての負荷を過大に見積もり、気遣い過ぎてしまうケースがあるようです。

さらに昨今は、マタハラ（マタニティ・ハラスメント）やママハラ（ママ・ハラスメント）を問題視する風潮も高まっていますから、「腫れ物」にでも触れるようにワーママ部下とコミュニケーションをとっている人もいるでしょう。

そこでマネジャーがやってしまいがちなのが、**ワーママを気遣うあまりに、簡単なルーティンワークばかりを任せてしまうこと**です。しかし、こうしたマネジメント行動は、ワーママの成果にプラスには作用しない可能性が、調査データから浮かび上がってきました。こちらは、ワーママの成果に影響する「上司のマネジメント行動」を分析した結果です（図4-8）。

図4-8　どんな「マネジメント行動」が「ワーママの成果」を高めるのか？

順位	項　目	影響度（β）
1位	責任ある仕事を任せている	.284**
2位	評価結果を適切に通知し、話し合いの機会を持っている	.232*
3位	将来的な昇進・キャリアの伸長を手助けしている	.205*

「働くママには簡単な仕事だけ」は大きな間違い！

※対象：マネジャー（n=500）
※統制変数には、「年齢、業種、社会人歴、会社規模、未既婚」をダミー化して投入した。独立変数を「自分の仕事ぶりを客観的に振り返る機会を与えている」「育児と仕事の両立について理解・協力している」「期待した成果をだせるように支援している」「将来的な昇進・キャリアの伸長を手助けしている」「責任ある仕事を任せている」「成長につながる仕事を任せている」「成長に期待をかけている」「仕事ぶりを適切に評価している」「評価の際に適切なフィードバックをおこない、仕事の仕方をどのように改善するかをともに考えている」「評価結果を適切に通知し、話し合いの機会を持っている」とし、「仕事で思ったとおりの成果が出ている」を従属変数とした重回帰分析を行った（独立変数は管理職が自身のマネジメントを自己評価し、従属変数は部下のワーキングマザーを評価したもの。Adjusted R^2=.141／**は1%有意水準、*は5%有意水準を表す）。

出所：トーマツ イノベーション（現・ラーニングエージェンシー）×中原淳(2017)「職場の働き方調査」

「**評価結果を適切に通知し、話し合いの機会を持っている**」（第２位：影響度β＝.232）は、上司からのフィードバック、「**将来的な昇進・キャリアの伸長を手助けしている**」（第３位：影響度β＝.205）は上司によるスポンサー機能です。

これらはどちらも、部下の成長に必要だとされる一般的なマネジメント行動ですが、ワーママの文脈で興味深いのは、第１位に「**責任ある仕事を任せている**」（影響度β＝.284）が来ていることでしょう。

ここから言えそうなのは、育児を抱えている女性に配慮して、責任の軽い仕事ばかりを手渡すというマネジメント行動は、見直す必要があるかもしれないということです。

「育児が大変そうだから、この業務はちょっと荷が重いかな……」「当分のあいだは誰でもできるルーティンワークだけをやってもらおう」などと気を回しすぎてはいないでしょうか？

ワーママは「競争が激しい職場」を去りたがる

ワーママもほかのスタッフたちと同様に、**一定のストレッチがある仕事を成し遂げ、成長を続けてもらうことが重要**なのです。よかれと思って簡単な仕事ばかりを任せた結果、ワーママのモティベーションが低下してしまうような事態は、なんとしても回避したいところです。

この点に共感するワーママは多いのではないでしょうか？　とくに産休・育休を経て復帰した女性は、「**本当に私はこの職場に戻ってきていいのだろうか。みんなの邪魔にならないだろうか**」という不安を、多かれ少なかれ抱くといいます。

一定の負荷がある仕事を任せることは、「あなたはこの職場には欠かせないのだ」というマネジャーからのメッセージにもなりますし、ワーママが「居場所感」を取り戻していくうえでも、非常に重要な意味を持っているのです。

一方で、多様な働き方を求める人々がいる職場では、避けたほうがいいマネジメント行動も存在します。

実際、ワーママの「現在の会社で働き続けたい」という気持ちに影響する上司の行動を分析したところ、次ページのような項目に有意性が見られました（図4-9）。

ご覧のとおり、「**職場メンバーの競争意識を煽っている**」は、マイナスの

図4-9　ワーママの「現在の会社で働き続けたい！」を引き下げる「上司のマネジメント行動」

順位	項　目	影響度(β)
1位	職場メンバーの競争意識を煽っている	−.118*

「一定の制約下」で働かざるを得ない以上、「競争」はワーママのやる気を低下させる

※対象：ワーママ（n=500）
※統制変数には、「年齢、業種、社会人歴、会社規模、未既婚」をダミー化して投入した。独立変数を「自分の仕事ぶりを客観的に振り返る機会を与えてくれている」「育児と仕事の両立について理解・協力してくれている」「期待した成果をだせるように支援してくれている」「将来的な昇進・キャリアの伸長を手助けしてくれている」「責任ある仕事を任せてくれている」「成長につながる仕事を任せてくれている」「成長に期待をかけてくれている」「仕事ぶりを適切に評価してくれている」「評価の際に適切なフィードバックをおこない、仕事の仕方をどのように改善するかをともに考えてくれている」「評価結果を適切に通知し、話し合いの機会を持ってくれている」「困った時に助けあえる職場の雰囲気をつくっている」「職場メンバーの競争意識を煽っている」「職場メンバーが協力しあうというより、一人で仕事を完遂することを好む」「仕事ができる部下にばかり仕事を任せる」「職場メンバーに助け合いの職場づくりの必要性を説いている」「職場メンバーが抱えている仕事と負荷状況を可視化している」「職場メンバーに仕事の手順を可視化するよう指示している」「職場メンバーが抱えている仕事と負荷状況を職場全体で共有する場を定期的に設けている」「職場メンバーの負荷状況を判断したうえで、仕事の再割り当てをしている」「職場メンバーの助け合いの意識や行動を適切に評価している」「評価を適切におこなうために、職場のメンバーに対して日々の声掛けや観察をおこなっている」「職場メンバーの働きぶりに見合った評価をおこなっている」「長時間労働をした人を評価する傾向がある」「長時間労働を見直し、生産性をあげる努力をしている」とし、「あなたは、現在の会社で働き続けたいと思っている」を従属変数とした重回帰分析を行った（独立変数はワーキングマザーが上司のマネジメントを評価し、従属変数はワーキングマザー自身の気持ちを評価したもの。Adjusted R^2=.185／*は5%有意水準を表す）。

出所：トーマツ イノベーション（現・ラーニングエージェンシー）×中原淳(2017)「職場の働き方調査」

影響度（$\beta = -.118$）が出ています。ワーママは、少なくとも「仕事に割ける時間」などの点では、どうやってもほかのメンバーにはかないません。**マネジャーがあまりにもチーム内の競争意識を煽り、成果を競わせるようなことをすると、ワーママの就業継続意欲は低下してしまう**可能性があるのです。

マネジャーは「できているつもり」になっていないか

マネジャーだって大変なんです。管理職として、できるだけのことはもうやっています

ここまでの内容を読んで、現役マネジャーのみなさんは、そんな感想をお持ちかもしれません。しかし、ワーママが働きやすい職場をつくっていくうえでは、マネジャーの行動が大きなカギを握っているのは事実です。「いまでも十分やっているつもりだ」というマネジャーにはショックかもしれませんが、ここにもやはり認識のギャップがあります。次のデータは、ワーママへのマネジメント行動に関して、マネジャーとワーママとのあいだの「認識ギャップ」が大きい順に3つを抽出した結果です（図4-10）。

図4-10　「マネジメント行動」に関するマネジャーとワーママの認識ギャップ（差の大きい順）

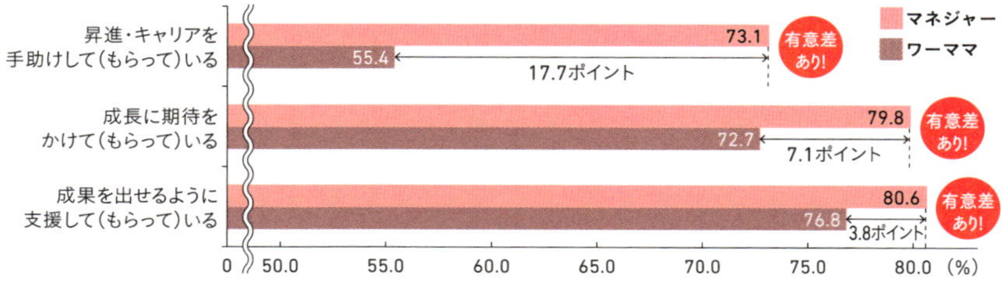

「できているつもり」がないか、マネジャーはもう一度振り返ろう

※対象：マネジャー（上からn=283, 321, 310)、ワーママ（上からn=271, 297, 310)
※各質問に対し「あてはまる」「ややあてはまる」をカテゴリー化して集計・分析（上から$\chi^2(2)=33.387, p<.001$／$\chi^2(2)=16.704, p<.001$／$\chi^2(2)=29.055, p<.001$）

出所：トーマツ イノベーション（現・ラーニングエージェンシー）×中原淳(2017)「職場の働き方調査」

最も差が大きかったのが、「**昇進・キャリアの支援**」です。つまり、マネジャーの73.1％は「自分はワーママの昇進・キャリアを手助けしている」と思っているわけですが、**「上司に昇進・キャリアの手助けをしてもらっている」と感じているワーママは、それよりも17.7ポイントも少ない（55.4％）**のです。ワーママの成果規定要因の第3位が「上司によるスポンサー機能（将来的な昇進・キャリアの伸長を手助けしている)」だったことを考えると、これは大きな問題でしょう。

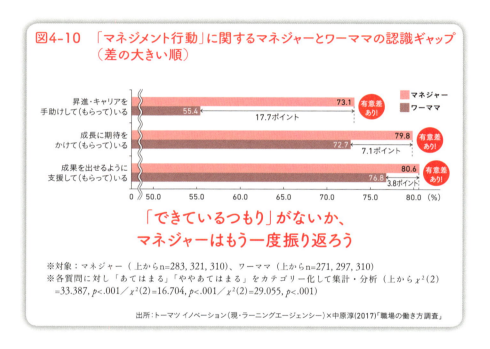

同様に「**成長への期待**」(7.1ポイント)、「**成果を出すための支援**」(3.8ポイント)についても、マネジャー側の「できているつもり」が目立つ結果となりました。マネジャーは部下の成長や成果を望んでいるにもかかわらず、ワーママ本人にそれが十分に伝わっていません。

マネジャーのみなさんの頭のどこかに、「ワーママ期＝足踏みの時期」という思い込みが紛れ込んでいないでしょうか？ **彼女たちへの期待を示し、しかるべき成長を促すような「責任ある仕事」を任せられているでしょうか？** 実際のマネジメントにおいては、こうした認識ギャップも念頭に置きながら、「もう一歩踏み込むこと」を意識していきましょう。

しかも、こうした**職場づくりは、「ワーママのためだけ」のものではありません**。本書冒頭で申し上げたとおり(3ページ)、女性やワーママはあくまでも着手点です。ワーママでさえ助けを呼びかけられない職場で、その他の「多様な働き方を求める人々」がヘルプシーキングできるでしょうか？

それはなかなか難しいでしょう。あくまでも目指すべきは、「誰もが働きやすい職場」なのです。

TOPIC 19

ワーママ女性と「残業」はなぜ相性が悪い?

「助け合い」のある職場をつくるマネジメント行動

「助けは求めづらいけど、責任ある仕事はしたい」って、ワーママもなかなか大変ですね……

ワーママの成果を高めるうえでは「責任ある仕事を任せる」という本人を動かすアクションに加えて、職場を動かすマネジャーのアクションが必要になります。繰り返しになりますが、やはりカギとなるのはマネジャーによる職場づくりです。どんな行動が効果的なのか、ポイントを見ていきましょう。

「仕事でラクをしたい」わけではない

ワーママはどのような職場が実現されていると、成果を上げながら働けるのでしょうか?

次ページに、ワーママの仕事上の成果を左右する職場の特徴を分析してみました（図4-11)。

まずは第2位に注目してください。ここまでの議論とも整合的な結果が出ました。一定の負荷をかけるマネジメント行動（責任ある仕事を任せる：185ページ）が、ワーママの成果を高めていたのと同様、「職場として達成すべき目標が明確にある」（第2位：影響度$\beta = .131$）ほうが、ワーママは結果を出しながら働くことができるのです。

ある程度の緊張感は、ワーママのいる職場にも不可欠であり、「ワーママ

図4-11　どんな「職場」だと、ワーママは「成果」を出せるのか？

順位	項　目	影響度（β）
1位	メンバーが育児と仕事の両立について理解・協力してくれている	.196**
2位	職場として達成すべき目標が明確にある	.131*

「チームの理解・協力」＋「目標達成」がカギ

※対象：ワーママ（n=500）
※統制変数には、「年齢、業種、社会人歴、会社規模、未既婚」をダミー化して投入した。独立変数を「あなたの育児と仕事の両立について理解・協力してくれている」「互いに助け合っている」「仕事を一人で抱え込んでいる」「自分の仕事に精一杯でほかのメンバーを手助けする余裕がない」「あなたの職場のメンバーはお互い競争意識を強く持っている」「多くの仕事を抱えているメンバーの手助けをしている」「担当者しかできない仕事が数多くある」「業務の縦割り意識がある」「育児に積極的に時間を費やすと雰囲気が悪くなる」「お互いの仕事の出来を褒め合う文化がある」「あなたの仕事の出来は、他の職場メンバーの出来に左右される」「あなたの仕事が滞ると他の人の仕事が前に進まない」「職場のメンバー同士の仕事の重なり合いが多い」「職場の成果の達成をともに負っている」「職場として達成すべき目標が明確にある」「職場の目標をともに達成しようという雰囲気がある」「同僚のトラブルを進んで手助けしようとする雰囲気がある」「仕事のやり方をさらに効率化することができると思う」「早く帰りづらい雰囲気がある」「残業を見直し、生産性をあげる雰囲気がある」「長時間働いた人を評価する雰囲気がある」「メンバー同士のコミュニケーションがあまりない」「育児に積極的に時間を費やすことで閑職に追いやられた人がいる」とし、「あなたは、仕事で思ったとおりの成果が出ている」を従属変数とした重回帰分析を行った（独立変数はワーキングマザーが職場メンバーの行動や職場雰囲気を評価し、従属変数はワーキングマザー自身を評価したもの。Adjusted R^2=.116／**は1%有意水準、*は5%有意水準を表す）。

出所：トーマツ イノベーション（現・ラーニングエージェンシー）×中原淳(2017)「職場の働き方調査」

＝時短勤務で適当に仕事をこなし、なるべくラクをしたい人」という勝手な思い込みは禁物です。

しかし、ワーママが成果を出しながら働くために、目標達成意識のある環境を求めているのだとしても、やはり「自分でがんばるモード」だけで職場をサバイブすることは難しいでしょう。第１位に「**メンバーが育児と仕事の両立について理解・協力してくれている**」（影響度β ＝.196）が来ていることからも、やはり「ヘルプシーキングのしやすさ」がワーママの成果を大きく左右するのだとわかります。

自発的に「助け合い行動」が起きる職場がベスト

では、ワーママが助けを求めやすい職場は、どのようにしてつくっていけばいいのでしょうか？　この問題を解決するのはマネジャーの役目です。とはいえ、マネジャー自らがそれぞれの職場メンバーにどれくらい負荷がかかっているのかをつねに把握し、ワーママのサポートに入ってもらうメンバーをいちいち判断するのは、なかなか難しいものです。

もちろん、「え、子どもが熱？　じゃあ、手が空いていそうな人を見つけて、自分で頼んでおいて」という"丸投げ"行動は、管理職としては論外です。しかし、**マネジャーがわざわざ「交通整理」をしなくても、助け合いが自然に起こるのが理想**です。

次ページのデータは、「ワーママのキャリア見通し」に影響するマネジメント行動を分析した結果です。ワーママの「先が見えない……」という気持ちをやわらげるのは、上司のどんな行動なのでしょうか？（図4-12）

ワーママが「先の見通し」を持って働き続けるためには、「将来的な昇進・キャリアの伸長を手助けしてくれる＝**スポンサー機能の充実**」（第1位：影響度β＝－.283）と「評価結果を適切に通知し、話し合いの機会を持ってくれる＝**適切なフィードバック**」（第2位：影響度β＝－.161）が必要であることがわかります。

これ以外で**マネジャーが意識するといいのが、職場メンバー同士の「助け合い行動」を評価すること**でしょう。ワーママのヘルプに応えたメンバーを、マネジャーとして「評価」できていますか？　「助けを求める側」のワーママだけでなく、「助けを求められる側」であるメンバーをフォローできていますか？　一方的にワーママのサポートばかりをしていれば、チーム内にはどうしても「また私たちは○○さんの尻拭いをさせられている……」という不満が蓄積していきます。マネジャーは、ワーママの負荷を肩代わりしてくれたメンバーがいたときに、その助け合い行動を評価することを忘れてはいけません。

図4-12　ワーママの「先の見えなさ」を緩和する「上司の行動」とは？

順位	項　目	影響度（β）
1位	将来的な昇進・キャリアの伸長を手助けしてくれる	−.283***
2位	評価結果を適切に通知し、話し合いの機会を持ってくれる	−.161*

「スポンサー機能」と「フィードバック」が決め手。

※対象：ワーママ（n=500）
※統制変数には、「年齢、業種、社会人歴、会社規模、未既婚」をダミー化して投入した。独立変数を「自分の仕事ぶりを客観的に振り返る機会を与えてくれている」「育児と仕事の両立について理解・協力してくれている」「期待した成果をだせるように支援してくれている」「将来的な昇進・キャリアの伸長を手助けしてくれている」「責任ある仕事を任せてくれている」「成長につながる仕事を任せてくれている」「成長に期待をかけてくれている」「仕事ぶりを適切に評価してくれている」「評価の際に適切なフィードバックをおこない、仕事の仕方をどのように改善するかをともに考えてくれている」「評価結果を適切に通知し、話し合いの機会を持ってくれている」「困った時に助けあえる職場の雰囲気をつくっている」「職場メンバーの競争意識をあおっている」「職場メンバーが協力しあうというより、一人で仕事を完遂することを好む」「仕事ができる部下にばかり仕事を任せる」「職場メンバーに助け合いの職場づくりの必要性を説いている」「職場メンバーが抱えている仕事と負荷状況を可視化している」「職場メンバーに仕事の手順を可視化するよう指示している」「職場メンバーが抱えている仕事と負荷状況を職場全体で共有する場を定期的に設けている」「職場メンバーの負荷状況を判断したうえで、仕事の再割り当てをしている」「職場メンバーの助け合いの意識や行動を適切に評価している」「評価を適切におこなうために、職場のメンバーに対して日々の声掛けや観察をおこなっている」「職場メンバーの働きぶりに見合った評価をおこなっている」「長時間労働をした人を評価する傾向がある」「長時間労働を見直し、生産性をあげる努力をしている」とし、「あなたは、この先の昇進やキャリアの伸長に見通しがもてない」を従属変数とした重回帰分析を行った（独立変数はワーキングマザーが上司のマネジメントを評価し、従属変数はワーキングマザー自身の気持ちを評価したもの。Adjusted R^2=.152／***は0.1%有意水準、*は5%有意水準を表す）。

出所：トーマツ イノベーション（現・ラーニングエージェンシー）×中原淳(2017)「職場の働き方調査」

重要なのは、Aさんが自分の職分を超えてワーママのBさんを助けたときに、Aさんの行動をきちんと評価する土壌がチーム内にでき上がっているかどうか、です。ヘルプーサポートの互酬関係が普段から活発なチームであれば、ワーママを助ける行動はごく自然に発生するでしょう。

また、**サポートしたメンバーが評価されるという「保証」があることで、ワーママの側も安心してヘルプシーキングできるようになります**。ワーママが職場でうまく助けを求められないのは、「これを手伝ってもらっても、あの人の成果にはならないし……」という思いがあるからです。サポート行動が評価されるとわかっていれば、仕事を頼む側の心理的ハードルも一気に下がります。

働くママは「遅くまでがんばってるね」発言に傷つく

うちの上司にとっては、遅くまで会社に居残って
働くことが、「がんばる」ことなんですよね

前ページの表には入れませんでしたが、ワーママの「先の見えなさ」をやわらげるどころか、助長してしまう要因の１つとして「**長時間労働を評価する**」（影響度$\beta = .107$）が上がったことにも注目しておきましょう。残業や休日出勤などをマネジャーが高く評価していると、ワーママは「見通しのなさ」を感じやすくなるということを意味します。

理由はシンプルです。ワーママのように労働時間に制約がある人の立場で考えてみてください。**ワーママは「労働時間の長さ」という評価軸では勝ち目がありません**。マネジャーが長時間労働をプラスに評価する姿勢を見せれば見せるほど、それは「あなたは今後この職場で評価されることはありません」というシグナルになってしまいます。働きながら育児をする人々、多様な働き方を求める人々にとって、長時間労働を評価するマネジメント行動は明らかなマイナス要因になるのです。

職場内に残業を見直す雰囲気があるかどうかが、女性の就業継続意欲を大きく左右するのはすでに確認したとおりですが（74ページ）、ワーママにあっても長時間労働のネガティブエフェクトが確認できました。やはり**長時間労働の是正（というよりも長時間労働を評価する風潮の是正）は、「誰もが働きやすい職場」をつくるための絶対条件**なのです。

「いつも遅くまでがんばっていること＝すばらしいこと」という価値観を持つマネジャーは、職場で働く人たちのキャリアに対する不安を知らず知らずのうちに高め、「ここでやっていけるだろうか……」という気持ちにさせてしまってはいないでしょうか？　いま一度振り返ってみていただければと思います。

TOPIC 20

ワーママ女性は「職場外」に何を求めるか？

パートナーとの「チーム育児」がもたらす効用

「睡眠時間を削るのはNG」と言われても、
ほかに手立てがないので仕方ないのでは？

ここまで、ワーママの仕事の成果、キャリアの見通しなどを左右する要因を探ってきました。ワーママは「職場内」だけでなく「職場外」、すなわち、家庭においても「子育て」という超重要プロジェクトを担っています。最後に、ワーママ本人の育児行動やパートナーの行動が、ワーママの仕事のパフォーマンスにどのような影響を与えているのかを見ていきましょう。

「仕事ができるワーママ」はどんな育児をしているか？

仕事以前に、育児でヘトヘト……

小さなお子さんがいるワーママのみなさんからすれば、これが率直な気持ちかもしれません。とくに、夫が育児に協力的でなかったり、困ったときに助けてくれる両親（おじいちゃん・おばあちゃん）が近くに住んでいなかったりするご家庭では、かなりの負担がワーママに集中しているはずです。

職場以外の環境は人それぞれでしょうから、一概には議論できませんが、最後にこの点についてもリサーチ結果をご紹介しておきましょう。**仕事で成果を出しているワーママは、育児に関して家庭内でどんなアクションを取っているか**を分析しました（図4-13）。

図4-13　ワーママの「仕事の成果」に影響を与える「育児行動」とは？

順位	項　目	影響度（β）
1位	パートナーと育児や家事の分担について振り返る機会を持っている	.172*
2位	一人で育児や家事を抱えないようにしている	.130*

パートナーとの「チーム育児」が
仕事上の「成果・やりがい」にもつながる！

※対象：ワーママ（n=500）
※統制変数には、「年齢、業種、社会人歴、会社規模、未既婚」をダミー化して投入した。独立変数を「あなたは、配偶者（もしくはパートナー）に積極的に育児・家事をしてもらっている」「あなたは、配偶者（もしくはパートナー）と育児と家事の方針を話し合っている」「あなたは、配偶者（もしくはパートナー）と話し合ったうえで、育児と家事の役割分担を決めている」「あなたは、配偶者（もしくはパートナー）と育児や家事の現状に関して情報共有をおこなっている」「あなたは、配偶者（もしくはパートナー）と育児や家事の分担について振り返る機会を持っている」「あなたは、配偶者（もしくはパートナー）に育児や家事を手伝ってほしいときに、その希望を伝えている」「あなたは、配偶者（もしくはパートナー）がおこなう育児や家事に高い水準での実施を求めている」「あなたは、一人で育児や家事を抱えないようにしている」「あなたは、自分だけが育児や家事に取り組むべきだと思っている」とし、「あなたは、仕事で思ったとおりの成果が出ている」を従属変数とした重回帰分析を行った（独立変数はワーキングマザーが職場メンバーの行動や職場雰囲気を評価し、従属変数はワーキングマザー自身を評価したもの。Adjusted R^2=.043／*は5%有意水準を表す）。

出所：トーマツ イノベーション（現・ラーニングエージェンシー）×中原淳(2017)「職場の働き方調査」

基本的には「職場」に関するリサーチと似た結果が出ています。

第２位の「**一人で育児や家事を抱えないようにしている**」（影響度β＝.130）は、まさにヘルプシーキングを意識しているということにほかなりません。

また、第１位の「**パートナーと育児や家事の分担について振り返る機会を持っている**」（影響度β＝.172）は、マネジャーによる職場内の「負担の見える化」にも通じる側面があり、ヘルプシーキングの「土台」をつくるアクションだと言えます。

家庭内にどんな仕事があるのかを整理し、「どれを夫に任せられるか」「曜日ごとに当番を決めるのはどうか」「利用可能な業者サービスはないか」などをふだんから話し合っておけば、いざというときにヘルプシーキングがしやすくなります。

以上から言えるのは、職場だけでなく、**家庭内においても「他人に助けてもらうモード」を発揮できるかどうかが、ワーママの仕事上の成果に影響する**ということです。

ワーママが職場で活躍するためには、妻が躊躇せずにサポートを求められるよう、夫（パートナー）も家庭内の環境づくりを一緒に行うことが欠かせません。

育児を「自分の仕事」として捉えていますか？

そんな言い分のある男性もいるでしょう。しかし、ワーママたちには不満があるようです。男性がしがちな「育児の“手伝い”」という表現自体にも、「育児に対する当事者意識のなさ」が見え隠れしているという意見すらあります。僕も共働きで子育てを実践中ですので、こういう厳しいご指摘には頭が上がりません。まったくそのとおりだと思います。

実際、**ワーママたちとそのパートナーとのあいだでは、育児分担の比率に関しても、認識のギャップがある**ようです。「あなたは育児の何％くらいをやっていますか？」という質問に加えて、「理想的にはどれくらいの負担が望ましいですか？」についても聞きました。次ページの図をご覧ください（図4-14）。

図4-14　育児をどれくらい分担していますか？
（ワーママとパートナー／現在と理想の比較）

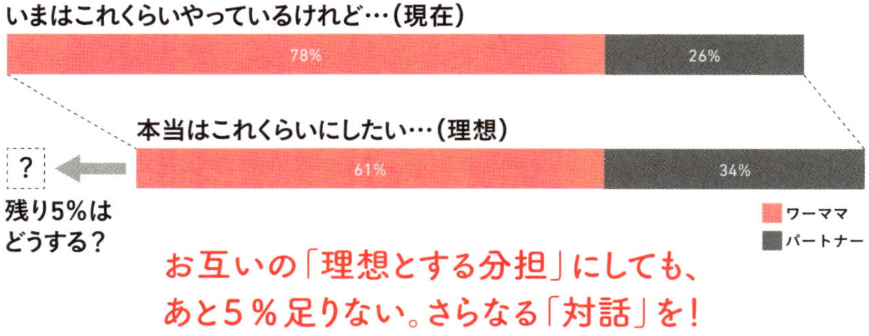

※対象：ワーママ（n=500）、パートナー（n=500）
※「あなたが担当する育児の割合」と「理想とするあなたが担当する育児の割合」をそれぞれ集計しグラフ化した（$\chi^2(1)=270.83, p<.001$／$\chi^2(1)=73.08, p<.001$）。

出所：トーマツ イノベーション（現・ラーニングエージェンシー）×中原淳(2017)「職場の働き方調査」

上段が「現時点での育児の分担比率」を答えてもらった結果です。ワーママは「78％は私がやっている（＝夫は22％しかやっていない）」と考えているのに対し、夫の自己評価は26％ですから、両者のあいだには4ポイント分ほどの認識の違いがあるということになります。

他方で、下段は「どれくらいの分担比率が理想的か」を尋ねた結果です。ワーママは61％ですから、「4割くらい（39％）は夫にやってほしい！」というのが本音だとわかります。夫のほうは「できれば34％くらいは分担したい」と考えており、それなりに譲歩していることがうかがえます。

しかし、ものは考えようです。夫は、現在、26％しか育児を担当していませんが、自分の理想は34％であると言っています。ここには８％の差分があります。ならば、まずは最初の一歩として、この「８％」を夫に埋めてもらいましょう。

子育て中の方は、ぜひこのデータを参考にしながら、適正な分担比率について夫婦間で話し合ってみていただければと思います。

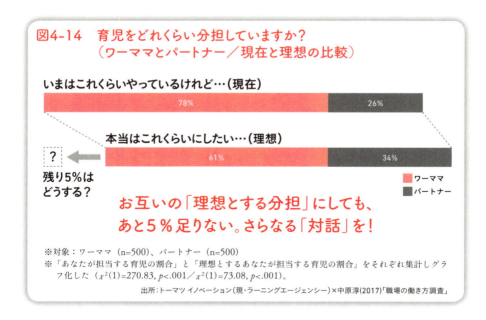

「チーム育児の経験」は仕事にもプラス作用

ある調査によれば、出産後のパートナーの家事育児時間が長いほど、出産後も出産前と同じ職場・同じ職業形態で働き続ける女性の割合が高くなっています（厚生労働省 2015*48）。また、多くの女性が「復職」の道を選んでいるのに、その大多数が1年以内に離職しているというデータもあります。言い換えれば、「**ワーママは1年目が正念場**」なのです。

この「最初の1年」を乗り切るうえで、職場だけの対応では限界があります。つまり、子育てをする女性が仕事を継続するためには、パートナーの協力がとても重要だということです。

パートナーには、子育てを「手伝う」という中途半端なスタンスではなく、「育児」というプロジェクトを共にやり遂げるチームのメンバーとしての自覚、いわば「**チーム育児**」の発想が求められます。子育てとは夫婦が「同じ船」に乗って行うプロジェクトのようなものなのです。「ワンオペ育児」から「チーム育児」への発想転換こそが、家族の将来を切り開く最初の一歩になります。

とはいえ、これは男性陣にとっては、必ずしも単なる負担増だけを意味するわけではありません。というのも、協働的かつプロジェクト的な「チーム育児」は、さまざまな仕事能力に対して、ポジティブな影響を与えることがわかっているからです。

要するに、育児期を夫婦共働きで乗り切った経験が、仕事で必要な能力やスキルの伸長にも正の効果を与えることが、実証的に明らかになっているのです。

次ページのデータは、チーム育児が仕事の能力向上にいかに寄与するかの研究の概要を示したものです（図4-15）。

ご覧のとおり、とくにチーム育児に伴う「協働の計画と実践」や「家庭外との連携」といった要素が、「部門間調整能力向上」などリーダーやマネ

図4-15　チーム育児の体験が「仕事の能力向上」に与える影響

	業務能力向上	他部門理解促進	部門間調整能力向上	視野拡大	自己理解促進	タフネス向上
調整済みR^2値	.212	.164	.131	.143	.136	.126
協働の計画と実践	.205**	.199*	.186**	.186**		.272**
育児情報共有						
家庭外との連携	.182**		.123*		.155*	
育児の実行	.198**	.233**				

とくに「協働の計画と実践」を行った親は、職場での能力を向上させやすい

※数値が大きいほどチーム育児の各項目が能力向上に対してプラス（正）の影響を強く示している。空欄は統計的に意味のある関係が示されなかった項目。
※数値の隣の**は1%有意水準、*は5%有意水準を表す。

出所：浜屋・中原 2017*48, p.140

ジャーにも求められるような能力を高めていることが見て取れます。

ワーママやそのパートナーは、子育て期間を「仕事ができない時期」とネガティブに捉えるだけでなく、**貴重な「学び」のチャンスとして前向きに位置づけていただきたい**と思います。

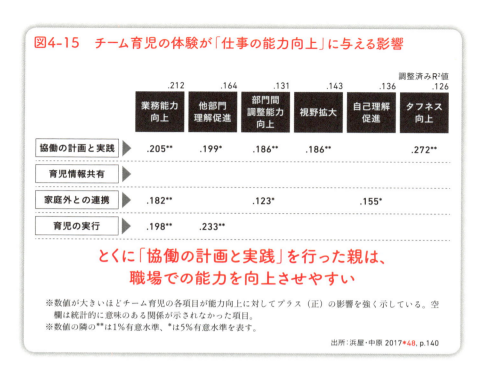

REFLECTION

このチャプターで学んだことを踏まえて、もう一度、冒頭のクイズに関して振り返りをしてみましょう。決してこれは「答え合わせ」ではありません。ここの内容を踏まえつつ、職場のメンバーとの「対話」に役立ててください。まずは念のために問題をおさらいしておきます。

QUESTION 04

部長さん

山田くん、昨晩も遅くまでがんばってくれていたみたいだけど、××商事向けの提案書は昨日までに仕上げる約束だろう?

ええっ? 昨日、お子さんの急な発熱で小島さんが早退するから、「代わりにリサーチ資料を頼む」って言ったのは部長じゃないですか!?

山田くん

?

部長さんのひと言で
山田くんも小島さんも不満そうな顔をしています。
部長さんはどんなことに気をつけて
今後の職場づくりを行っていけばいいでしょうか?

就業継続意欲が突出して高いワーママが、将来の見通しを持ちながら成果を出していくには、マネジャーによる仕組みづくりが不可欠です。周囲のメンバーたちのモティベーションも保ちながら、「誰もが働きやすい職場」をつくっていくには、どんなアクションが必要だったか、思い出しながら見ていきましょう。

NG 「『代わりにリサーチ資料を頼む』って言ったのは部長」

POINT メンバーの負荷状況を「見える化」しておく

▶ワーママが望んでいるのは「マネジャーが介在しなくても、自発的に助け合いが起こる職場」です。マネジャーがメンバーの仕事状況を把握できていないことも論外ですが、マネジャーが「交通整理」を行わなくても、ワーママが自ら気軽にヘルプシーキングできるよう、各人の忙しさを「見える化」するなどの工夫が必要です。

NG 「昨日までに仕上げる約束だろう?」

POINT 部下の「助け合い行動」をしっかり評価する

▶ワーママがヘルプシーキングしやすい職場をつくるためには、「助け合い行動が評価につながる」ということをメンバーに納得してもらう必要があります。サポートした人をねぎらわずにいると、チーム内に不満が蓄積するうえ、ワーママもどんどん助けを求めづらくなってしまいます。

NG 「昨晩も遅くまでがんばってくれていたみたいだけど」

POINT 長時間労働を評価する空気は、ワーママにはマイナス

▶女性の就業継続意欲は「残業を見直す雰囲気」と大いに関係しています。ワーママも同様で、長時間労働をポジティブに捉えるマネジャーの下では、「先が見えない……」とキャリアに不安を覚えることがわかっています。部長が褒めるべきだったのは、山田くんが「遅くまで働いたこと」ではなく、「小島さんを助けてくれたこと」ではないでしょうか。

COLUMN

女性は学生時代から「先を見ている」!?

何度も触れたとおり、女性は男性に比べて「できるだけ長く仕事を続けたい」という意識を強く持っています。スタッフの男女に聞いてみると、「長く働き続けたい」と答えた男性が78.4%だったのに対し、女性のほうは84.4%と、6.0ポイントの男女差がありました（39ページ）。女性のほうが「仕事の継続」に対する意識が高く、長期的なキャリアを意識しているのだと言えそうです。

じつはこれと類似した男女差は、学生の時点でもすでに表れています。今回の調査では、現在のキャリア意識だけでなく、過去時点の意識についても質問を用意しました。次のデータは、「学生時代に『働くこと』に関して意識していたこと・やっていたこと」を振り返ってもらい、男女差が顕著だったものをピックアップした結果です（図4-16）。

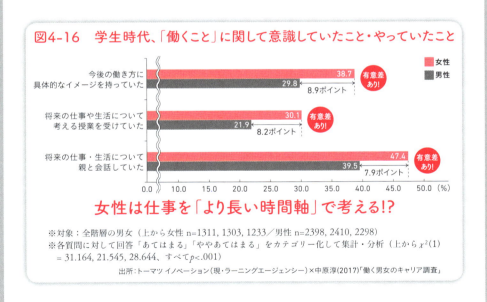

図4-16　学生時代、「働くこと」に関して意識していたこと・やっていたこと

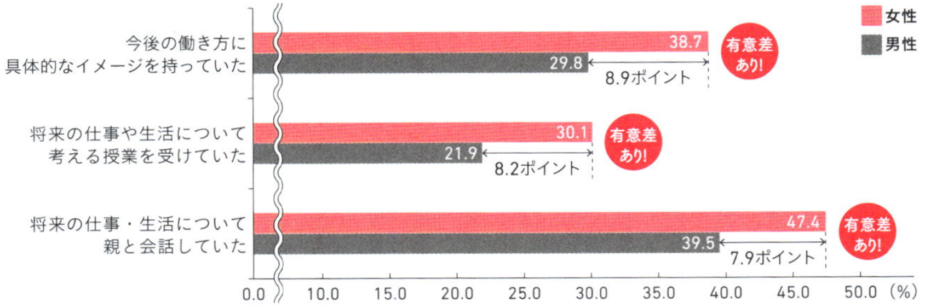

女性は仕事を「より長い時間軸」で考える!?

※対象：全階層の男女（上から女性 n=1311, 1303, 1233／男性 n=2398, 2410, 2298）
※各質問に対して回答「あてはまる」「ややあてはまる」をカテゴリー化して集計・分析（上から$\chi^2(1) = 31.164, 21.545, 28.644$、すべて$p<.001$）

出所：トーマツ イノベーション（現・ラーニングエージェンシー）×中原淳(2017)「働く男女のキャリア調査」

学生時点で「今後の働き方に具体的なイメージを持っていた」かどうかについては、大きな差（8.9ポイント）が見られますし、「将来の仕事や生活について考える授業を受けていた」（8.2ポイント）、「将来の仕事・生活について親と会話していた」（7.9ポイント）といった、具体的なアクション面でも、顕著な男女差が見られます。

女性のほうが学生時点からしっかりと将来的キャリアのことを考えているのは、なぜなのでしょうか？　いろいろな要因が考えられますが、やはり結婚や出産、育児などの存在は無視できないでしょう。「将来的に結婚するのかどうか」「子どもを持つのかどうか」「持つとしたら何人なのか」……女性はこうしたライフイベントによってキャリアが大きく左右される可能性があります。だからこそ、仕事についても長期的な目線で考える機会が多くなるのではないでしょうか。

とはいえ、今後の社会においては、共働きの子育て家庭がより一般化していくことが予想されます。その意味では、男性も早くからそうした問題に向き合い、女性が一人で子育てを抱え込んでしまう「ワンオペ育児」を回避する手立てを探っていく時代に入るのだと思います。

「女性視点」から多くの気づきを得た経営者として

眞﨑大輔

本書をお読みいただき、ありがとうございました。中原先生から「語り手役」を引き継ぎまして、ともにリサーチプロジェクトを進めてきたパートナーの立場から、また、一人の経営者の立場から、本書に関して振り返らせていただきたいと思います。

当社は多種多様なクライアントの人材育成をお手伝いしております。いまや、日々の人材育成の現場のなかで「女性活躍」というキーワードが出ないことはありません。「女性活躍」という課題に対して、企業側は「何とかしたい」という思いを持ち、働く女性たちは「それぞれの（秘めた）思い」を持っていらっしゃることでしょう。

ただ、企業と働く女性たちの間には、決してネガティブな意味ではない「迷い」のようなものが横たわっていると感じます。この「迷い」のようなものが少しでも解消されることを願い、中原先生と今回の取り組みを進めてきました。

そもそも、私が「女性の視点で見直す人材育成」というテーマに関心を持ちはじめたのは、2015年夏に「女性活躍推進法」（女性の職業生活における活躍の推進に関する法律）が成立したタイミングでした。この当時、私が抱いていた感情をあえてひと言で表すなら、「戸惑い」以外にはありません。正直に申し上げて、「女性はすでに活躍しているじゃないか？」というのが経営者としての偽らざる実感でした。

トーマツ イノベーション（現・ラーニングエージェンシー）という会社

は、従業員数で言うと、いわゆる「中小企業」ですから、少しでも多くのメンバー（女性も含めて）に活躍してもらわないと立ち行かないというのが実態です。あえて「性差」を経営上の課題に据えたりしなくても、女性にも男性にも目覚ましい成果を上げている人はいましたし、その当時でも女性管理職の比率が組織全体で30％を超えていました。

女性の管理職候補も多く存在していた当社の状況もあり、「女性活躍」という政府のスローガンを聞いて、私は思わず「さて、何をどうしたものか……」と考え込んでしまったのです。同時に一人のコンサルタントとしても、女性の活躍というのは、果たしてどこまで定量化できるものなのだろうか？　と率直に思いました。

とはいえ、これは私個人の悩みにはとどまりませんでした。当社が人材育成支援や研修サービスを提供しているクライアントのうち、９割近くは中小企業です。私と同じような「戸惑い」はクライアントのみなさんのなかにも渦巻いていました。

「うちは女性社員“のほうが”活躍している。むしろ『男性活躍推進』をやってもらいたいくらいだよ」
「いまさら『社内結婚して寿退社』とか『女性がもっと活躍すべき』なんて言っていられるのは、よほど体力がある大企業くらいでは？」
「当社は社長の奥さまが役員として活躍しているので、『女性も仕事を続けるのが普通だ』っていう雰囲気がありますね」

現場ではこうした声が頻繁に聞かれました。要するに「女性はもう活躍している。というよりも、活躍してもらわざるを得ない。これ以上いったい何をしろと言うのか？」というのが、「女性活躍推進」に対する中小企業の経営者たちの率直な感想だったのではないかと思います。

そのとき、パッと視野の開ける見方を示してくださったのが、当時、東京大学にいらっしゃった中原淳先生でした。先生とは2015年に「中小企業の人材育成を科学する」というプロジェクトでご一緒して以来のご縁でしたが、そのとき話してくださったのが、「はじめに」にも書かれていた、あの「仮説」だったのです。

「女性視点で人材育成やマネジメントのあり方を見直していくことは、誰もが働きやすい職場をつくるうえで、最も確実な足がかりになる」

それまでの「女性活躍推進」のイメージが「活躍できる女性人材をつくること」だったのに対し、中原先生のアイデアは、「誰もが活躍できる職場をつくる」ための手段・きっかけとして「女性活躍推進」を位置づけ直すものでした。

「ここに『トランジション』の切り口を加えてデータを分析すれば、より有意義な知見を取り出せると思います」というお話に感銘を受けた私は、次の瞬間には「ぜひ共同で調査プロジェクトをやりましょう！」と持ちかけていました。女性活躍推進の本質が「人が育つ職場づくり」なのだとすれば、「企業内の人材育成支援」をミッションとする当社としても、「これに取り組まない手はない」と確信したからです。

とはいえ、何も懸念がなかったといえば嘘になります。そもそも私も中原先生も男性ですし、少なくとも私には「女性を育成すること」に関して、とくに際立った実績も自信もありませんでした。

経験や実績にもとづいた語りができないという点に不安を覚えながらも、今回は「女性の働くを科学する」を合言葉にしながら、「データにもとづいて語ること」に徹しました。プロジェクトチームには、すでにマネジャーとして活躍している女性や、子育てをしながら働いている女性にもメンバーとして参加してもらいましたが、あえて「女性だけのチーム」にはしませんでした。

結果的に、その選択とその後の取り組みは間違っていなかったと思います。「悲観も楽観もしなくていい、非常にリアルな分析結果を導き出すことができた！」という手応えがあるからです。

たとえば、「ワーキングマザーの70.7%は『いまの職場で働き続けたい』と感じている」のに対して、「『育児と仕事を両立できている』と感じている人は36.8%しかいない」というデータ。これは決して看過できない数字ではありますが、現場で働いている人からすれば「そうだろうな……」という納得感のあるデータだと思います。

それ以外にも、「昇進を望まない女性は多いが、いざリーダーになると『なってよかった』と感じる女性が73.6%もいる」など、経営者として、じつに希望の持てる知見が数多く得られたのも大きな収穫でした。

さらに、データが明らかにした「現実」に対しても、迷いのない明確な処方箋を取り出すことができたと思います。それらは決して目からウロコが落ちるような、奇抜な対策ではないかもしれません。しかし、企業ぐるみで取り組むべき「当たり前のこと」に向けて、みなさんの背中を押してくれるものばかりです。

冒頭で中原先生が、「将来はダイバーシティやダイバーシティマネジメントという言葉がおそらく死語になるだろう、そしてステレオタイプ化された典型的なマジョリティが同じような働き方をする状況は消えていくだろう」と語られています。いま、現場においても「女性活躍」以外のテーマでもたとえば「若手・新人の価値観がわからない」といった言葉がクライアントから発せられます。同質性が強みのように思われた日本においても、ジェンダー、ジェネレーションなど、すでに多くの差異が生まれています。日本流とも言える静かな多様化はもうはじまっています。

以心伝心のコミュニケーションを根底に置いて、なんとか組織を保っていくスタイルは自然と消滅せざるを得ないのでしょう。こうした状況にある私たちにとって、本書で中原先生が解説をした「女性視点（と調査結果）」

は、私たちがこれから取り組むべきことを鮮やかに提示して（あるいは突きつけて）くれていると感じます。

＊　＊　＊

当社は今春、５名の女性が産休育休から復帰してくれました。当社の取り組みもまだまだ不十分かと思いますが、人手不足の時代に人材の復帰は何よりもありがたいことです。

政府は現在（2018年６月時点）、女性活躍推進法に関して、大企業のみならず、今後は中小企業での取り組みを強化する方向で見直しを行おうとしています。

いまの環境下で企業は必死に多様な課題に対処しています。女性活躍という言葉だけに踊らされている企業はむしろ少ないと感じます。私自身も試行錯誤中の身ですが、本書を通じて、企業や組織、働く方々が、女性活躍の真の意義を再確認し、それぞれの立場で「誰もが働きやすい職場づくり」を実践されることを祈っております。

調査研究を通じて、7,402名のみなさまにご協力をいただきました。また、人材育成に真摯に取り組まれている多くの企業からも知見、アドバイスをいただきました。この場を借りて改めて厚く御礼を申し上げます。

最後に、本書の企画編集をしていただいたダイヤモンド社の藤田悠さんには、書籍化にあたってヒント・アイデアを数多く頂戴いたしました。藤田さんのおかげで書籍というかたちで、私たちのプロジェクトが結晶化しました。まことにありがとうございました。

トーマツ イノベーション株式会社
（現・株式会社ラーニングエージェンシー）
代表取締役社長　眞﨑大輔

出所一覧

*1. World Economic Forum (2017). The Global Gender Gap Report 2017. [http://www3.weforum.org/docs/WEF_GGGR_2017.pdf]

*2. 厚生労働省 (2017). 平成28年度雇用均等基本調査(確報). [http://www.mhlw.go.jp/toukei/list/dl/71-28r-06.pdf]

*3. Credit Suisse Research Institute (2014). The CS Gender 3000: Women in Senior Management. [https://directwomen.org/sites/default/files/news-pdfs/9.pdf]

*4. Carli. L. L. & Eagly, A. H. (2016). Gender and Leadership. Bryman, A. Collinson, D. Grint, K. Jackson, B. Uhl-Bien, M. (eds.) *The SAGE handbook of leadership*. SAGE Publishing.

*5. 山本勲 (2018). 女性活躍を推進する働き方と企業業績.「一橋ビジネスレビュー」2018年夏号66巻1号.

*6. Hewlett, S. A., & Sherbin, L. (2011). *Off-ramps and on-ramps Japan: Keeping talented women on the road to success*. Center for Work-Life Policy.

*7. 東京大学Cedep・ベネッセ教育総合研究所 (2018). 乳幼児の生活と育ちに関する調査2017(結果速報). [https://berd.benesse.jp/up_images/research/20180620release1.pdf]

*8. 永瀬伸子, 山谷真名, 金秀炫, 小檜山希, 佐野潤子, 寺村絵里子 (2011).「仕事と生活に関する女性WEB調査」の結果概要. お茶の水女子大学「ジェンダー・格差センシティブな働き方と生活の調和」研究プロジェクト. [http://www.dc.ocha.ac.jp/gender/workfam/event/w.pdf]

*9. 久我尚子 (2017). 大学卒女性の働き方別生涯所得の推計. ニッセイ基礎研究所. [http://www.nli-research.co.jp/report/detail/id=56140]

*10. パーソル総合研究所 (2016). 労働市場の未来推計. [https://rc.persol-group.co.jp/roudou2025/]

*11. 中原淳・パーソルグループ (2016). アルバイト・パート[採用・育成]入門. ダイヤモンド社.

*12. 厚生労働省 (2011). 中小企業における両立支援推進のためのアイディア集. 平成23年度両立支援ベストプラクティス普及事業. [https://www.mhlw.go.jp/seisakunitsuite/bunya/koyou_roudou/koyoukintou/best_practice/pdf/bp-1.pdf]

*13. 横浜市教育委員会・立教大学 中原淳研究室 (2018). 教員の「働き方」や「意識」に関する質問紙調査. [http://www.edu.city.yokohama.jp/tr/ky/k-center/nakahara-lab/txt/180514_hatarakikata.pdf]

*14. Watson, W. E., Kumar, K., & Michaelsen, L. K. (1993). Cultural diversity's impact on interaction process and performance: Comparing homogeneous and diverse task groups. *Academy of management journal*, 36(3), 590-602.

*15. Jehn, K. A., Chadwick, C., & Thatcher, S. M. (1997). To agree or not to agree: The effects of value congruence, individual demographic dissimilarity, and conflict on workgroup outcomes. *International journal of conflict management*, 8(4), 287-305.
Greer, L. L., Jehn, K. A., & Mannix, E. A. (2008). Conflict transformation: A longitudinal investigation of the relationships between different types of intragroup conflict and the moderating role of conflict resolution. *Small Group Research*, 39(3), 278-302.
Hobman, E. V., Bordia, P., & Gallois, C. (2003). Consequences of feeling dissimilar from others in a work team. *Journal of Business and Psychology*, 17(3), 301-325.
Pelled, L. H., Eisenhardt, K. M., & Xin, K. R. (1999). Exploring the black box: An analysis of work group diversity, conflict and performance. *Administrative science quarterly*, 44(1), 1-28.
Harrison, D. A., Price, K. H., Gavin, J. H., & Florey, A. T. (2002). Time, teams, and task performance: Changing effects of surface-and deep-level diversity on group functioning. *Academy of management journal*, 45(5), 1029-1045.
Smith, K. G., Smith, K. A., Olian, J. D., Sims Jr, H. P., O'Bannon, D. P., & Scully, J. A. (1994). Top management team demography and process: The role of social integration and communication. *Administrative science quarterly*, 39(3), 412-438.
*16. 経済産業省 (2014). サービス産業の高付加価値化・生産性向上について. [http://www.meti.go.jp/committee/kenkyukai/shoujo/service_koufukakachi/pdf/001_04_00.pdf]
*17. Ancona, D. G., & Caldwell, D. F. (1992). Bridging the boundary: External activity and performance in organizational teams. *Administrative science quarterly*, 37(4), 634-665.
Bantel, K. A., & Jackson, S. E. (1989). Top management and innovations in banking: Does the composition of the top team make a difference?. *Strategic management journal*, 10(S1), 107-124.
*18. 独立行政法人国立女性教育会館 (2017). 男女の初期キャリア形成と活躍推進に関する調査研究. [https://www.nwec.jp/research/carrier/index.html]
*19. Hofstede, G. (1991). *Cultures and organizations. Intercultural cooperation and its importance for survival. Software of the mind*. McGraw-Hill.(邦訳: ヘールト・ホフステードほか[著]岩井八郎, 岩井紀子[訳]. 多文化世界. 有斐閣.)
*20. 黒田祥子 (2009). 日本人の労働時間は以前より短くなっているのか?. RIETI政策シンポジウム 2009/4/2. [https://www.rieti.go.jp/jp/events/09040201/pdf/1-1_Kuroda.pdf]
*21. パーソル総合研究所・中原淳 (2018). 希望の残業学プロジェクト(プレスリリース). [https://rc.persol-group.co.jp/news/201802081000.html]

*22. 高見具広 (2018).「性別職務分離」の現在形——昇進意欲の男女差を手がかりに考える.「非典型化する家族と女性のキャリア」第3期プロジェクト研究シリーズ No.9.

*23. 島直子 (2017). 女性新入社員の管理職志向を高める要因：仕事満足度を高める要因との比較.「NWEC 実践研究」7, 56-73.

*24. 高見具広 (2018).「性別職務分離」の現在形——昇進意欲の男女差を手がかりに考える.「非典型化する家族と女性のキャリア」第3期プロジェクト研究シリーズ No.9.

*25. Clance, P. R., & Imes, S. A. (1978). The imposter phenomenon in high achieving women: Dynamics and therapeutic intervention. Psychotherapy: Theory, Research & Practice, 15(3), 241-247.

Want, J., & Kleitman, S. (2006). Imposter phenomenon and self-handicapping: Links with parenting styles and self-confidence. Personality and individual differences, 40(5), 961-971.

*26. Petrides, K. V., & Furnham, A. (2000). Gender differences in measured and self-stimated trait emotional intelligence. *Sex roles*, 42(5), 449-461.

*27. 高見具広 (2018).「性別職務分離」の現在形——昇進意欲の男女差を手がかりに考える.「非典型化する家族と女性のキャリア」第3期プロジェクト研究シリーズ No.9.

*28. Brown, M. (2008). Comfort zone: Model or metaphor?. *Australian Journal of Outdoor Education*, 12(1), 3-12.

*29. Kolb, David A. (1984). *Experiential Learning: Experience as the Source of Learning and Development*. Prentice-Hall, Inc.

*30. Koontz, H., & O'Donnell, C. (1972). *Principles of management. An analysis of managerial functions (5th edition)*, McGraw-Hill.

*31. Hill, L. A. (2003). *Becoming a manager: How new managers master the challenges of leadership*. Harvard Business Press.

Hill, L. A., & Lineback, K. (2011). *Being the boss: The 3 imperatives for becoming a great leader*. Harvard Business Press.

*32. Wanous, J. P., Poland, T. D., Premack, S. L., & Davis, K. S. (1992). The effects of met expectations on newcomer attitudes and behaviors: A review and meta-analysis. *Journal of applied psychology*, 77(3), 288-297.

*33. Steelman, L. A., & Rutkowski, K. A. (2004). Moderators of employee reactions to negative feedback. *Journal of Managerial Psychology*, 19(1), 6-18.

*34. 中原淳 (2017). フィードバック入門 .PHPビジネス新書.

中原淳 (2017). はじめてのリーダーのための 実践！フィードバック. PHP研究所.

*35. 中原淳・パーソルグループ (2016). アルバイト・パート[採用・育成]入門. ダイヤモンド社.

*36. Carli, L. L., & Eagly, A. M. (2011). *Leadership and gender. In The nature of leadership*. Sage Publications.

*37. Eagly, A. H., & Karau, S. J. (2002). Role congruity theory of prejudice toward female leaders. *Psychological review*, 109(3), 573-598.

*38. Schein, V. E., Mueller, R., Lituchy, T., & Liu, J. (1996). Think manager-think male: A global phenomenon?. *Journal of organizational behavior*, 17(1), 33-41.

*39. Kanter, R. M. (1977). *Men and Women of the Corporation*. Basic.(邦訳: ロザベス・モス・カンター[著]高井葉子[訳]. 企業のなかの男と女――女性が増えれば職場が変わる. 生産性出版.)

*40. Staines, G., Tavris, C., & Jayaratne, T. E. (1974). The queen bee syndrome. *Psychology Today*, 7(8), 55-60.

*41. Eagly, A. H., & Johnson, B. T. (1990). Gender and leadership style: A meta-analysis. *Psychological bulletin*, 108(2), 233-256.

Eagly, A. H., Karau, S. J., & Makhijani, M. G. (1995). Gender and the effectiveness of leaders: a meta-analysis. *Psychological bulletin*, 117(1), 125-145.

Eagly, A. H., & Carli, L. L. (2003). The female leadership advantage: An evaluation of the evidence. *The leadership quarterly*, 14(6), 807-834.

*42. Croson, R., & Gneezy, U. (2009). Gender Differences in Preferences. *Journal of Economic Literature*, 47(2), 448-74.

*43. Gneezy, U., Leonard, K. L., & List, J. A. (2009). Gender differences in competition: Evidence from a matrilineal and a patriarchal society. *Econometrica*, 77(5), 1637-1664.

*44. 国保祥子 (2018). 働く女子のキャリア格差. ちくま新書.

*45. Hochschild, A. (1983). *The Managed Heart*. University of California Press.(邦訳: アーリー・ホックシールド[著]石川准, 室伏亜希[訳]. 管理される心. 世界思想社.)

*46. Lee, K. S., & Ono, H. (2008). Specialization and happiness in marriage: A US-Japan comparison. *Social Science Research*, 37(4), 1216-1234.

*47. シチズンホールディングス (2015). 時間意識調査「ワーキングマザーの生活時間」. [http://www.citizen.co.jp/files/research_2015_01.pdf]

*48. 厚生労働省 (2015). 第13回21世紀出生児縦断調査(平成13年出生児)及び第4回21世紀出生児縦断調査(平成22年出生児)の概況. [https://www.mhlw.go.jp/toukei/saikin/hw/syusseiji/13/dl/gaikyou.pdf]

*49. 浜屋祐子・中原淳 (2017). 育児は仕事の役に立つ. 光文社新書.

執筆メンバー

中原 淳（なかはら・じゅん）

立教大学経営学部 教授／立教大学経営学部リーダーシップ研究所 副所長／立教大学BLP（ビジネスリーダーシッププログラム）主査／大阪大学博士（人間科学）
1975年北海道旭川市生まれ。東京大学教育学部卒業、大阪大学大学院 人間科学研究科、メディア教育開発センター（現・放送大学）、米国マサチューセッツ工科大学、東京大学などを経て、2018年より現職。「大人の学びを科学する」をテーマに、企業・組織における人材開発、リーダーシップ開発について研究している。専門は経営学習論・人的資源開発論。妻はフルタイムで働くワーキングマザーで、２人の男の子（４歳と11歳 ※本書刊行時点）の父親でもある。
著書（編著・共著含む）に、『職場学習論』『経営学習論』『人材開発研究大全』（以上、東京大学出版会）、『企業内人材育成入門』『研修開発入門』『アルバイト・パート［採用・育成］入門』（以上、ダイヤモンド社）、『育児は仕事の役に立つ』（光文社新書）、『働く大人のための「学び」の教科書』（かんき出版）など多数。
［Blog］http://www.nakahara-lab.net/（立教大学 経営学部 中原淳研究室）
［Twitter］nakaharajun

保田 江美（やすだ・えみ）

国際医療福祉大学 成田看護学部 講師／博士（学際情報学）
10年ほど大学病院やクリニックで看護師として勤務後、筑波大学医学群看護学類３年次編入、東京大学大学院学際情報学府修士課程、博士課程を経て、2017年より現職。新人看護師の臨床実践能力を高める看護チーム内の社会的相互作用（支援やチームワーク）に関する研究を行っているほか、中小企業の人材育成や大学から企業へのトランジションに関する共同研究にも参加してきた。

トーマツ イノベーション（現・株式会社ラーニングエージェンシー）

2006年2月、デロイト トーマツ グループの法人として設立。中堅中小ベンチャー企業を中心に、人材育成の総合的な支援を行うプロフェッショナルファームで、支援実績は累計1万3000社以上、研修の受講者数は累計200万人以上と業界トップクラス。定額制研修サービス「Biz CAMPUS Basic」、モバイルラーニングと反転学習を融合した「Mobile Knowledge」など、業界初の革新的な教育プログラムを次々と開発・提供している。2019年4月、「ラーニングエージェンシー」に社名変更。
トーマツ イノベーション（現・ラーニングエージェンシー）のメンバーの半数（49%）が女性である。女性の5人に1人がワーキングマザーであり、管理職における女性比率は34%である（2018年6月1日時点）。

眞﨑 大輔（まさき・だいすけ）

トーマツ イノベーション株式会社（現・株式会社ラーニングエージェンシー） 代表取締役社長

2014年から現職。業界初の定額制研修サービスのBiz CAMPUS Basicをはじめ、複数の業界初と呼ばれる教育事業を自ら立ち上げている。中原教授とは2014年から共同研究を行っている。

平井 裕介（ひらい・ゆうすけ）

トーマツ イノベーション株式会社（現・株式会社ラーニングエージェンシー） マネジャー

2011年に中途入社。現在は、新規事業開発部門の責任者としてサービスの企画や開発、運用に携わっている。職場では女性比率が7割を超えるチームの管理職であり、プライベートでは、一児の父として子育てに奮闘している。

木下 桃子（きのした・ももこ）

トーマツ イノベーション株式会社（現・株式会社ラーニングエージェンシー） コンサルタント

2010年新卒にて入社。教育コンテンツ開発や研修講師などの業務に従事する。2歳（※本書刊行時点）の男の子を持つ、同社初の新卒ワーキングマザーでもある。

女性の視点で見直す人材育成
——だれもが働きやすい「最高の職場」をつくる

2018年8月1日　第1刷発行
2019年4月1日　第2刷発行

著　者——中原 淳
トーマツ イノベーション
発行所——ダイヤモンド社
〒150-8409　東京都渋谷区神宮前6-12-17
http://www.diamond.co.jp/
電話／03·5778·7234（編集）　03·5778·7240（販売）
装丁————小口翔平・岩永香穂（tobufune）
本文デザイン—黒岩二三（Fomalhaut）
本文イラスト—白井 匠（白井図画室）
ＤＴＰ———ニッタプリントサービス
製作進行——ダイヤモンド・グラフィック社
印刷————堀内印刷所（本文）・加藤文明社（カバー）
製本————加藤製本
編集担当——藤田 悠（y-fujita@diamond.co.jp）

ISBN 978-4-478-10290-9